AI 시대
투자 로드맵을 활용해
부동산
전문가가 되자

KB212265

AI 시대

투자 로드맵을 활용해

부동산

전문가가 되자

이수현, 김태이 지음

매일경제신문사

부동산은 입지와 시기에 따라 가격이 크게 상승하거나 하락할 수 있습니다. 그러나 저는 이러한 중요한 사실을 간과한 채, 분양사무소와 주변 사람들의 말만 믿고 사업성이 없는 지역주택조합 아파트를 계약하게 되었습니다. 그 결과 큰 손해와 시간을 낭비하게 되었고, 경제적으로도 어려움을 겪었습니다. 잘못된 정보와 타인의 조언에 의존해 시행착오를 겪으면서, 부동산에 대해 깊이 있게 공부해야겠다는 결심을 하게 되었습니다. 소액 투자와 간접적인 경험을 쌓으면서, 어려운 문제를 해결하는 '6시그마 기법'을 활용해 심층적인 연구를 진행해 투자 시기와 순서를 파악할 수 있게 되었습니다.

이러한 경험과 지식을 사람들과 공유하며 그들에게 도움이 되고 싶다는 마음이 커졌습니다. 최근 몇 년 사이에 투자 정보가 급증함에 따라 부동산 시장도 크게 변화했습니다. 특히 빅데이터와 AI 기술의 발전 덕분에 시장 동향을 예측하고 부동산 가치를 평가하는 것이 더욱 수월해졌습니다. 그러나 대부분 사람은 빅데이터와 AI 정보를 이해하지 못하고, 이를 어떻게 활용해야 할지 몰라 어려움을 겪고 있습니다. 이러한 문제를 해결하기 위해, 저는 AI 시대에 적합한 부동산 투자 전략을 체계적으로 정리해 누구나 쉽게 이해할 수 있는 책을 집필하기로 결심했습니다.

'CHAPTER 01'에서는 흙수저도 자수성가할 수 있는 부동산 투자 전략을 소개합니다. 제가 처음 투자를 시작할 때 가장 어려웠던 점은 투자 경험과 정보의 부족이었습니다. 그러나 올바른 투자 전략과 시기, 부동산 사이클의 이해를 통해 성공할 수 있었습니다. 이 경험을 바탕으로 초보 투자자들도 쉽게 따라 할 수 있는 방법들을 정리했습니다.

'CHAPTER 02'에서는 국토개발 및 교통계획의 중요성을 강조합니다. 부동산의 가치는 위치에 따라 크게 좌우됩니다. 따라서 국토개발계획과 교통망 확장은 부동산 가치 상승의 중요한 요소입니다. 저는 오랫동안 다양한 개발계획과 교통망 구축에 관해 연구하며, 그 경제적 파급효과와 투자 기회를 분석해왔습니다. 이 책에서는 이러한 연구 결과들을 바탕으로 주요 거점 지역과 교통망 확장에 따른 투자 전략을 상세히 다루고 있습니다.

'CHAPTER 03'에서는 부동산 가치를 빠르게 평가하는 방법을 다룹니다. 감정평가는 부동산 투자에서 필수적인 부분입니다. 정확한 가치를 평가할 수 있어야만 올바른 투자 결정을 내릴 수 있기 때문입니다. 저는 다양한 감정평가 방법과 빅데이터를 활용한 시세 분석을 통해 부동산 가치를 신속하게 평가하는 방법을 발견했고 이에 대해 정리했습니다.

'CHAPTER 04'에서는 아파트 투자의 중요성과 전략을 소개합니다. 아파트는 결혼과 직장 다음으로 중요한 자산입니다. 저도 아파트 투자를 통해 큰 수익을 거둔 경험이 있습니다. 이 책에서는 아파트의 주거 장점과 미래 투자 가치를 분석하며, 투자 시기와 방법, 세금 절약 방법 등을 구체적으로 다룹니다.

'CHAPTER 05'에서는 다양한 부동산 투자에 대해 다루며, 특히 상가와 토지 등 다양한 부동산을 유형별로 투자하는 방법을 소개합니다. 상가와 토지는 고수익을 낼 수 있지만 그만큼 손실 위험도 큽니다. 위험 부담을 최소화하기 위해 다양한 사례를 통해 상가와 토지 투자에서 성공할 수 있는 방법을 정리했습니다. 또한, 단독주택, 다가구주택, 다세대주택, 복합상가, 공장·창고 등의 투자와 가치평가 방법도 정리했습니다.

《AI 시대 투자 로드맵을 활용해 부동산 전문가가 되자》는 저의 경험과 연구를 바탕으로 한 지침서로, 부동산 투자자들에게 꼭 필요한 정보입니다. 이 책을 통해 독자들이 AI 시대의 부동산 시장에서 성공적인 투자자가 되기를 진심으로 희망합니다. 부동산 투자는 더 이상 소수 전문가만의 영역이 아닙니다. 누구나 올바른 지식과 방법을 갖춘다면, AI 시대의 부동산 시장에서 큰 성공을 거둘 수 있습니다. 이 책이 그 길잡이가 되기를 바랍니다.

마지막으로, 출판에 도움을 주신 모든 분께 진심으로 감사드립니다.
먼저, 저에게 리치고 서포터즈와 스탭 팀장을 맡겨주신 리치고 대표님, 리치고 앱을 만들고 활용 방법을 알려주신 개발팀장 구디 님, 제품

총괄 이사님, 지역분석과 임장을 지도해준 줍줍인 님, 원주부동산 도원 공 선생님, 부동산과 주식 전문가인 무파사 님, 다방면으로 능통한 라큐 님, 젊은 투자자인 호두 님 등 모두 감사합니다.

또한, 부동산 전문가 과정과 가치평가를 함께 연구하고 참여해주신 가치평가의 달인이자 6시그마 대통령상을 받은 폴리 님, 호텔과 숙박업 의 전문가인 LBA전주부동산 소장님, 상가 전문 병점역 광장부동산 소 장님, 공장·창고 전문가인 대성오투그란데 공인중개사 소장님, 대구·경 북 아파트 커뮤니티 김동진 대표님, 양산 더원부동산 소장님, 세종 공인 중개사 다복쌤 님, 하이본파이낸스(ASLP) 대표님, 경영컨설팅 부행 대표 님 등 함께해주신 모든 대표님께 감사드립니다. 그리고 뒤에서 항상 응 원해주신 퍼스널브랜딩의 리더 브랜딩포유 대표님, 황금펜 신상대 박 사님, 고덕제일풍경채퍼스트 통장님,《AI 시대 상황주도학습법》작가님 과 항상 뒤에서 묵묵히 응원해주시는 장인, 장모님과 사랑하는 아내와 아들, 딸에게도 감사를 표합니다.

마지막으로, 책 출판 과정에서 정성 어린 컨설팅과 편집을 해주신 두 드림미디어 한성주 대표님과 편집, 디자인 담당자님께도 감사드립니다. 여러분의 지지와 협력 덕분에 이 책이 성공적으로 완성되었습니다. 여 러분의 노고와 열정에 감사드리며, 이 책이 많은 독자에게 도움이 되길 바랍니다.

분석의 신 비상

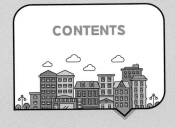

CONTENTS

CHAPTER 03. 부동산 가치를 5분 이내 평가하는 방법

CHAPTER 04. 결혼과 직장 다음으로 중요한 아파트

CHAPTER

01

자수성가 지름길과
부동산 투자 전략

부동산 가치는 위치, 정책, 경제 상황 등 다양한 요인에 의해 결정되며, 이를 정확히 이해하는 것이 성공적인 투자의 핵심입니다. CHAPTER 01에서는 부동산 시장의 메커니즘과 투자 전략을 체계적으로 분석해, 경제적 기반이 약한 '흙수저'들도 자수성가할 수 있는 방법을 제시합니다. 부동산 사이클, 통화량과 가격 관계, 그리고 실전적인 매매 전략을 통해 독자들에게 실용적인 투자 가이드를 제공합니다.

부동산 전문가가 되려면 이렇게 하자

01

2024년 한국 가계의 자산 중 부동산이 차지하는 비중은 79.7%로, 이는 경제에서 중요한 부분을 차지합니다. 부동산 전문가로 성장하는 것은 개인의 경제적 안정에 큰 영향을 미칠 수 있습니다. 따라서 부동산 전문가로 발전하기 위해서는 폭넓은 지식과 경험, 그리고 지속적인 학습이 필수적입니다.

첫째, 부동산 전문가가 되기 위한 핵심

부동산 전문가가 되기 위해서는 시장과 관련된 폭넓은 지식과 경험이 필요합니다. 이는 부동산 투자 전략, 시장 동향, 투자 타이밍 및 가치 평가를 포함하며, 다각적인 접근이 필요합니다.

둘째, 주택 보유수에 따른 투자 전략 수립

부동산 투자 전략은 주택 보유수에 따라 달라집니다. 무주택자는 내 집 마련을 위한 청약을 고려해야 하고, 1주택자는 상급지로의 갈아타기를 염두에 두는 것이 좋습니다. 다주택자는 적절한 보유 전략과 절세 방안을 마련해야 합니다. 이러한 다양한 전략은 각자의 상황에 맞게 조정되어야 하며, 이를 통해 더욱 높은 투자 수익을 기대할 수 있습니다.

셋째, 부동산 투자 시 필수적인 지식

부동산 투자 시 실패하지 않으려면 시장 트랜드, 금융 지식, 세금 제도 등을 숙지해야 합니다. 특히 부동산 감정 평가 방법을 이해하는 것은 매우 중요합니다. 감정 평가는 부동산의 시장 가치를 측정하고, 이를 바탕으로 신뢰할 수 있는 거래를 진행할 수 있도록 도와줍니다.

넷째, 위치와 시기가 중요한 투자 요소

부동산 투자에서 중요한 요소 중 하나는 위치와 시기에 대한 인식입니다. 아무리 좋은 위치(입지)에 있는 부동산이라도 상승세가 꺾이는 시기에 고점에서 매입하면 큰 손실을 입을 수 있습니다. 그러므로 시장 사이클을 이해하고 적절한 투자 시점을 선택하는 것이 필수적입니다.

다섯째, 다양한 부동산 유형의 이해

부동산은 여러 가지 유형이 있으며, 유형마다 특성과 시장에서의 위치가 다릅니다. 상가는 경기와 금리에 직접적인 영향을 받으며, 오피스텔은 주거와 업무 기능을 동시에 충족해야 합니다. 또한, 지식산업센터와 같은 특수한 부동산은 입지와 수요에 따라 가치가 달라질 수 있습니다. 이러한 특성을 이해하고 분석하는 것은 성공적인 투자의 열쇠입니다.

여섯째, 부동산 가치 평가의 중요성

부동산 가치를 평가하는 것은 투자 결정을 내리는 과정에서 매우 중요한 요소입니다. 부동산 감정 평가는 시장에서의 현재 가치와 수익성을 바탕으로 가치가 산정되며, 이는 정부 정책, 금융 기관의 대출 평가 등 다양한 분야에서 활용됩니다.

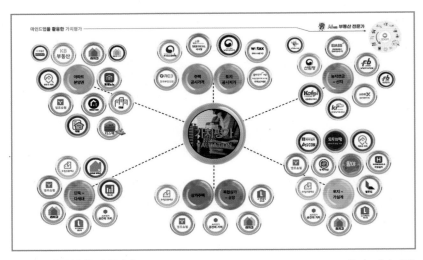

마인드맵을 활용한 가치평가   (출처 : 저자 작성)

일곱째, 지속적인 학습과 인적 네트워킹

부동산 시장은 지속적으로 변화하기 때문에, 전문가로 자리 잡으려면 항상 새로운 정보를 습득하고 관련 인적 네트워크를 구축하는 것도 중요합니다. 이를 통해 시장의 변동에 빠르게 대응할 수 있으며, 관련된 인사이트를 공유받아 더욱 풍부한 지식을 얻을 수 있습니다.

이와 같이 부동산 전문가가 되기 위한 방법은 다양하며, 각자의 상황에 맞는 전략과 지속적인 학습을 통해 전문가로서의 입지를 확고히 할 수 있습니다. 필요에 따라 다양한 분야의 전문가(부동산 빅데이터 전문가, 세무사, 법무사, 대출상담사, 공인중개사 등)와 협력해서 보다 풍부한 지식을 습득하는 것도 좋은 방법입니다.

02 흙수저가 자수성가하기 위한 지름길

흙수저였던 제가 가장 존경하는 인물 중에 브라이언 트레이시(Brian Tracy)가 있습니다. 그는 성공을 위한 3가지 주요 원칙을 제시했습니다.

첫째, 큰 꿈을 꾸는 것입니다. 성공의 출발은 큰 꿈에서 비롯됩니다. 자신의 인생을 완벽하게 구상해보고 무한한 잠재력을 발휘하는 것이 중요합니다. 5년 후의 자기 모습을 구체적으로 상상해보고, 얼마나 가치 있는 존재가 되고 싶은지를 생각해봅니다. 이는 성공한 사람들의 공통된 특징이며, 당신의 미래에 대한 비전을 정립하는 데 큰 도움이 될 것입니다.

둘째, 자신이 좋아하는 일을 찾는 것입니다. 성공한 사람들은 자신이 즐기는 일을 하며 에너지와 동기를 얻습니다. 따라서 자신이 어릴 적에 꿈꾸었던 일을 상기시켜보고, 그 일을 통해 생계를 유지하는 방법을 찾아보는 것이 중요합니다.

셋째, 최고가 되는 것입니다. 모든 성공한 사람들은 자신의 분야에서 최고가 되기 위해 헌신합니다. 최고가 되기 위해서는 노력하고 투자해야 합니다. 희생과 대가를 치르더라도 자신의 목표를 달성하는 데 집중해야 합니다.

이러한 3가지 원칙을 통해 당신만의 큰 꿈을 실현해보세요.

성공한 인생을 위한 지름길은 바로 완벽하게 벤치마킹할 수 있는 성공한 인물이나 롤 모델을 선택하는 것입니다. 이들을 통해 자신의 목표를 더 빠르게 달성할 수 있습니다.

저도 부동산 투자, 강의, 책 출판, 영상 판매, 웹 개발 등 다양한 분야에서 빠르게 성공하기 위한 계획을 세워 진행하고 있습니다. 독자 여러분도 이런 구체적인 계획을 세워 자신만의 지름길을 찾아가기를 바랍니다.

성공하기 위한 인생 계획 작성 방법   (출처 : 저자 작성)

03 통화량이 증가하면 부동산 가격이 상승하는 이유

통화량은 경제에서 중요한 요소로 작용합니다. 통화량(M2)이 증가하면 유동성이 늘어나게 되고 시장에서 더 많은 돈이 유통되어 대출 활동이 활발해집니다. 이러한 상황은 부동산 시장에서도 긍정적인 영향을 미칩니다.

첫째, 통화량 증가로 부동산 시장의 거래가 활발해지는 경향이 있습니다.

유동성이 늘어나면 많은 사람이 부동산 투자에 적극적으로 참여하게 되고, 이는 아파트 가격 상승을 초래하게 됩니다. 수요가 증가하면서 가격이 상승하는 현상이 나타날 수 있습니다.

'물가 수준이 화폐 공급량에 비례한다'라는 '화폐 수량설'에 대해서 알아보겠습니다. 화폐 수량방정식은 'MV = PY'로 표현됩니다. 여기서 M은 통화량(Money supply)을 의미하며, V는 화폐유통속도(Velocity of money)로 일정하다고 가정합니다. P는 가격 수준(Price level)을 나타내고, Y는 생산량(GDP)을 의미합니다. 이 방정식은 '경제 내에서 화폐의 총사용량이 총생산물의 가치와 같아야 한다'라는 원리를 바탕으로 하고 있습니다. 따라서 통화량(M)이 증가하고 화폐유통속도(V)와 생산량(Y)이 일정하다면, 가격 수준(P)도 증가하게 됩니다.

$$M \times V = P \times Y$$
M 통화량, V 화폐유통속도 고정, P 물가 수준, Y 실질 GDP 고정
▶ **통화량 증가(M↑)는 물가 수준 상승(P↑) 초래**

화폐 수량방정식

둘째, 통화량 증가는 종종 화폐 가치 하락으로 이어질 수 있습니다.

예를 들어, 과도한 통화 발행은 인플레이션을 발생시켜 화폐의 가치를 하락시킬 수 있습니다. 과거에 5억 원으로 구매했던 재산이 시간이 지나면 같은 금액으로는 더 이상 구매할 수 없는 현상을 초래할 수 있습니다. 이는 통화량 증가가 부동산 가격 상승으로 이어질 수 있는 하나의 메커니즘입니다. 따라서, 통화량 증가는 부동산 시장에서 가격 변동에 중대한 영향을 미칠 수 있으며, 이는 경제의 전반적인 화폐 유통과 밀접하게 연관되어 있습니다.

통화량에 따른 화폐의 가치   (출처 : 저자 작성)

셋째, 광의 유동성은 시장에 풍부한 자금이 순환하는 것을 의미합니다.

이는 통화량뿐만 아니라 예금, 채권, 주식 등 금융 상품의 유동성도 포함됩니다. 광의 유동성이 증가하면, 사람들이 소비하거나 투자할 수 있는 자금이 늘어납니다. 또한, 대출을 받아 부동산을 구매하거나 투자할 수 있는 사람들도 증가합니다. 이에 따라 부동산에 대한 수요가 증가하고, 부동산 가격이 상승하게 됩니다.

그런데 광의 유동성이 과도하게 증가하면 경제 과열을 초래할 수 있습니다. 이 경우, 정부나 중앙은행은 금리를 인상하거나 대출 규제를 강화하게 됩니다. 결과적으로 부동산 투자가 줄어들고, 부동산 가격이 하락할 수 있습니다.

리치고 Export에서 발췌한 아래 도표에 따르면, 2024년 3월 기준으로 통화량은 3,897조 원, 시가총액은 4,675조 원이며, M2 대비 시가총액은 120%입니다. 이를 통해 부동산 가격이 약간 고평가되었음을 알 수 있습니다.

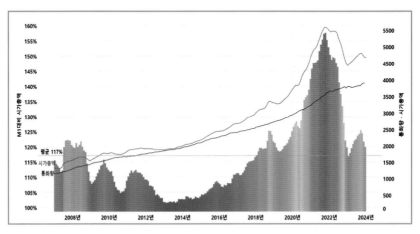

M2 대비 시가총액   (출처 : 리치고 Export)

04 부동산 사이클로 보는 부동산 투자 시기

부동산 시장의 사이클과 단계별 투자 시기에 대해 알아보겠습니다. 부동산 시장은 주기적으로 변동하며, 이러한 변동은 크게 침체, 저점, 회복, 확장, 정점, 수축 단계로 나눌 수 있습니다. 각 단계별 특징과 투자 전략을 살펴보겠습니다.

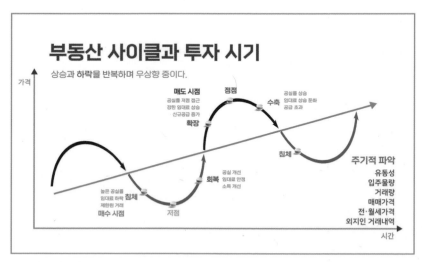

부동산 사이클과 투자 시기   (출처 : 저자 작성)

첫째, 침체 및 저점 단계는 부동산 가격이 가장 낮은 시기입니다.

경기 침체로 인해 경제 활동이 둔화되면서 부동산 수요도 크게 감소합니다. 거래량이 급격히 줄어들고, 매물을 찾기 어려운 상황이 됩니다. 이는 매도자들이 가격을 낮추지 않고 버티기 때문입니다. 이 시기에는 부동산을 저렴하게 매수할 기회가 생기지만, 매수 후 일정 기간 동안 수익을 기대하기 어려울 수 있습니다. 그러나 장기적인 관점으로 침체 저점에서 부동산을 매수하면 향후 회복기에 큰 수익을 올릴 수 있습니다. 다만, 경기 회복이 지연될 경우 단기적으로 자금 부족이 발생할 수 있기에 주의가 필요합니다. 투자자들은 충분한 자금 여유와 인내심을 가지고 접근해야 합니다.

둘째, 회복 단계는 경기가 점차 회복되면서 부동산 수요가 증가하기 시작합니다.

이는 경제 전반의 회복과 함께 소비 심리가 개선되기 때문입니다. 가격이 점진적으로 상승하고 거래량도 늘어나는 추세를 보입니다. 매도자들이 가격을 조금씩 올리기 시작하면서 거래가 활발해집니다. 이 시기에는 부동산 투자의 수익성이 높아지므로, 적극적인 투자가 가능합니다. 특히, 미래 가치 상승이 기대되는 지역이나 아파트에 투자하는 것이 좋습니다. 이러한 투자는 향후 확장 단계에서 큰 수익을 올릴 수 있는 기반이 되기에 과도한 투기 열풍을 피하고 장기적인 관점에서 접근하는 것이 중요합니다. 시장의 흐름을 잘 파악하고, 신중한 투자 결정을 내려야 합니다.

셋째, 확장 단계는 경기 활성화로 인해 부동산 수요가 많이 증가하는

시기입니다.

경제 전반의 활황과 함께 부동산 시장도 호황을 맞이하게 됩니다. 매도자들이 가격을 높게 책정하기 시작하면서 거래가 활발해집니다. 이 단계에서는 공사 기간이 비교적 짧은 건물을 신축해 판매하거나, 기존 보유 부동산을 매도해 수익을 실현하는 것이 유리합니다. 부동산 가격이 최고치에 근접하기 때문입니다. 과열된 시장에서는 투기적 거품이 발생할 수 있으므로 주의가 필요하며, 시장의 흐름을 잘 파악하고 신중한 투자 결정을 내리는 것이 필요합니다.

넷째, 정점(고점) 단계는 부동산 가격이 최고치에 도달하고 거래 활동이 최고조에 달하는 시기입니다.

경제 전반의 활황과 함께 부동산 시장도 호황을 맞이하게 됩니다. 이 단계에서는 부동산을 매도해 수익을 실현하는 것이 좋습니다. 부동산 가격이 최고치에 도달했기 때문입니다. 시장 과열로 인한 거품 붕괴가 우려되므로, 타이밍을 잘 선택해 매도하는 것이 중요합니다. 거품이 가라앉으면 큰 손실이 발생할 수 있기 때문입니다. 사이클의 흐름을 잘 파악하고 신중한 투자 결정을 내려야 합니다.

다섯째, 수축 단계는 경기 둔화로 인해 부동산 수요가 감소하는 시기입니다.

경제 전반의 둔화와 함께 부동산 시장도 침체를 맞이하게 됩니다. 가격 하락과 거래 감소가 나타나며, 공실률이 증가할 수 있습니다. 매도자들이 가격을 내리기 시작하면서 매수자들의 관심도 줄어들게 됩니다. 이 시기는 매도보다 매수가 유리합니다. 가격이 하락하고 있어 저렴하게 부동산을 매입할 수 있기 때문입니다. 다만, 경기 회복 시기를 정확히 예측하기 어려우므로 장기적인 관점에서 접근하는 것이 중요합니다. 단기적인 매도보다는 장기 보유를 통해 향후 회복기에 이익을 실현하는 것이 좋습니다. 또한 경기 침체기에는 안정적인 자산에 투자하는 것이 좋습니다.

이상으로 부동산 시장의 사이클과 단계별 투자 전략에 대해 알아보았습니다. 부동산 투자 시에는 거시 경제 동향과 시장 상황을 꼼꼼히 분석하고, 자신의 재무 상황과 투자 목적에 맞는 최적의 전략을 수립하는 것이 중요합니다.

05

아파트 사이클로 보는 매수와 매도 전략

아파트도 사이클 특성이 있어 현재 어떤 단계인지를 파악하는 것이 중요합니다. 과거 사이클을 분석해 미래의 부동산 시장 동향을 예측하고, 그에 맞는 투자 전략을 세울 수 있습니다. 아파트 사이클은 크게 4가지 단계로 나눌 수 있습니다.

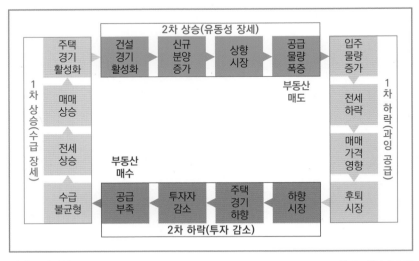

아파트 사이클   (출처 : 부동산지인)

첫째, 1차 상승(수급 장세) 단계에서는 경기가 좋아지면서 주택 수요가 늘어납니다.

특히 신혼부부와 젊은 층을 중심으로 주택 구매 수요가 증가하지만, 공급은 제한적이기 때문에 주택가격이 빠르게 상승합니다. 이 시기에는 투자 수요도 늘어나게 되는데, 가격이 계속 올라갈 것이라는 기대감 때문에 투자자들이 시장에 뛰어듭니다. 이에 따라 전세물량이 감소해 전세가격이 높아지고 주택가격도 급상승합니다. 주택 매매가 활발하게 이루어지며, 부동산 시장이 활황을 누리게 됩니다.

둘째, 2차 상승(유동성 장세) 단계에서는 1차 상승 단계의 가격 상승으로 건설사들이 새로운 주택 공급에 나서게 됩니다.

재개발·재건축 사업도 활발해지면서 공급이 늘어나고, 시중 유동성이 풍부해지면서 주택 구매 수요가 더욱 늘어납니다. 투자자들의 투기 수요도 증가해 주택가격이 계속 상승합니다. 그러나 이러한 과열 양상은 결국 공급 과잉으로 이어지게 되며, 이 단계에서는 주택가격 상승세가 주춤하고 거래량도 감소하게 됩니다.

셋째, 1차 하락(과잉 공급) 단계에서는 공급 물량 증가로 인해 주택가격이 하락하게 됩니다.

특히 전세가격이 먼저 내려가면서 매매가격에도 영향을 미칩니다. 투자자들의 관심도 줄어들고 주택 거래가 감소하면서 시장이 침체하기 시작합니다. 매도자들이 가격을 내리면서 매수자들은 관망 자세를 취하게 됩니다. 이 시기에는 건설사들의 새로운 분양 계획도 줄어들며, 부동산 시장 전반이 냉각되는 양상을 보이게 됩니다.

넷째, 2차 하락(투자 감소) 단계에서는 부동산 시장 침체가 더욱 심해집니다.

주택 거래가 크게 줄어들고 가격 하락 폭도 커집니다. 투자자들의 시장 이탈이 두드러지며, 경기 침체로 인한 실수요 감소도 겹쳐 시장이 장기 불황에 빠집니다. 이 시기에는 신규 공급도 크게 줄어들어 주택 시장 전반이 침체 국면에 접어듭니다.

이처럼 아파트 사이클은 부동산 시장의 특성을 잘 보여줍니다. 이를 이해하고 각 단계에 맞는 투자 전략을 수립하는 것이 중요합니다. 부동산 투자 시에는 사이클의 단계를 잘 파악해 적절한 시기에 매수와 매도를 결정하는 것이 성공적인 투자의 열쇠라고 할 수 있습니다.

06

신도시 개발 사이클로 보는 단계별 투자 접근법

신도시 개발과 택지개발지구 사이클로 보는 부동산 투자 전략을 알아보겠습니다.

도입 시기에는 아파트 분양권에 투자하는 것이 좋습니다. 이 단계에서 분양권을 취득하면 이후 가격 상승의 혜택을 볼 수 있습니다.

성장기에는 아파트 매수나 토지 분양, 단지 내 상가 등에 투자합니다. 이 시기에는 부동산 가치가 빠르게 상승해서 아파트와 토지에 투자해 수익을 창출할 수 있으며, 단지 내 상가를 매입하면 임대수익을 기대할 수 있습니다.

성숙기에는 아파트 갭 투자와 주 동선 상가 투자가 유망합니다. 갭 투자란 매매가격과 전세가격의 차이를 이용해 소액으로 부동산에 투자하는 방식입니다. 주 동선 상가는 주요 통로에 있는 상가를 매입해 높은 수익을 창출하는 전략입니다.

쇠퇴기에는 재건축, 입주권 상가, 재개발, 리모델링 등에 투자합니다. 재건축 시 아파트 분양권을 받는 상가를 매입하고 리모델링해 임대수익을 높이는 것이 효과적입니다.

부동산 투자에서는 신도시 개발 사이클을 이해하고 각 단계에 맞는 전략을 세우는 것이 중요합니다. 이를 통해 투자 수익을 극대화할 수 있습니다.

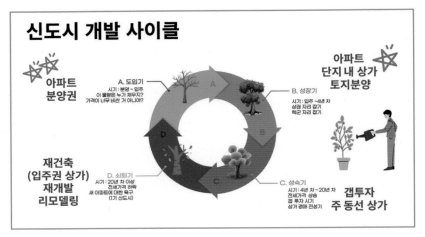

신도시 개발 사이클

CHAPTER

02

위치가 가치다, 국토개발 및 교통계획 분석

부동산은 위치에 따라 가치가 크게 달라집니다. 도시계획, 교통인프라, 자연환경 등이 부동산 시장을 좌우합니다. CHAPTER 02에서는 국토개발과 교통계획이 부동산 시장에 미치는 영향을 심층적으로 살펴봅니다. 주요 거점 개발, 혁신도시 육성부터 고속도로, 철도망, GTX 노선, 환승센터, 미래 교통수단에 이르는 다양한 계획을 분석합니다. 이를 통해 독자 여러분은 부동산 시장의 변화를 예측하고 장기적인 관점에서 효과적인 투자 전략을 수립할 수 있을 것입니다

01 > 주요 거점으로 개발이 집중되고 있다

국토개발계획은 국가의 토지와 자원을 효율적으로 관리하고 발전시키고자 하는 계획을 말합니다. 이 계획은 도시개발, 주택건설, 교통인프라, 환경보호 등 다양한 측면을 고려해서 수립됩니다.

| 국토개발계획 수립 시 고려 사항 |

1. **도시개발 :** 국토개발계획은 도시의 발전 방향과 구조를 결정합니다. 이 계획에는 주택, 상업시설, 공공시설 등을 포함합니다.
2. **주택건설 :** 국토개발계획은 주택건설에도 영향을 미칩니다. 특정 지역의 주택건설 계획을 파악하면 해당 지역의 부동산 시장을 예측할 수 있습니다.
3. **교통인프라 :** 국토개발계획은 교통인프라 개발에도 관여합니다. 새로운 도로, 지하철 노선, 공항 등의 계획은 해당 지역의 부동산 가치에 영향을 미칩니다.
4. **환경보호 :** 국토개발계획은 환경보호 측면도 고려합니다. 자연보전지역, 생태계보호, 환경친화적인 개발 등을 포함합니다.

국토개발계획에서 가장 중요한 부분은 인구 변화입니다. 다음 자료는 인구 비중을 알 수 있는 자료로, 인구가 주요 거점으로 집중되고 있는 것을 보여줍니다.

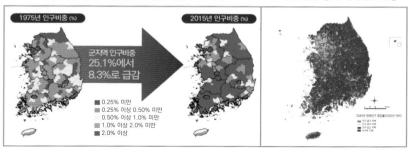

인구 이동과 국토 공간구조의 변화(1975~2015년)   2040년 인구 증감 지역 분포 전망

제5차 국토종합개발계획   (출처 : 국토교통부)

 투자 tip

1. **사업성 고려** : 역세권, 신도시, 산업단지에 주목하세요.
2. **5년 안에 진행** : 철도(일반), BRT(Bus Rapid Transit, 간선급행버스체계), 대기업(롯데,
   신세계 등)의 건설계획에 주목하세요.
3. **복합환승센터 신설** : 철도 + 고속도로 + 기반시설의 복합환승센터를 신설하
   는 곳에 주목하세요.
4. **산업단지와 관광 인프라 고려** : 반도체, 자율주행, 바이오 등 연구 및 개발지
   역과 서울역, 인천역, 부산역 등의 외국인 관광 인프라와 쇼핑지역에 주목하
   세요.

국토개발계획의
발전 과정 한눈에 보기

02

제1차 국토개발계획(1972~1981년)은 우리나라 국토개발의 중요한 출발점이었습니다. 이 계획은 국토 이용 관리의 효율화, 사회 간접 자본 확충, 국토자원 개발과 자연 보전, 국민 생활 환경의 개선을 목표로 했습니다. 계획의 핵심 전략은 거점개발 방식을 채택해 전국을 8개 권역으로 구분하고, 각 권역에 맞는 기능을 부여해 지역 경제의 균형발전을 도모했습니다. 이 과정에서 총 234㎢의 공업 용지를 신규로 조성하고, 8,750㎢에 달하는 도로를 신축하며, 1,164만 호의 주택을 건설하는 등의 성과를 이루어냈습니다.

그러나 이러한 공업화와 도시화는 도시인구 급증과 환경문제를 일으키며, 지속 가능한 발전에 대한 과제를 안겨주기도 했습니다. 이는 향후 계획 수립 시에는 지속 가능성과 환경보호를 중시하는 접근이 필요함을 시사했습니다.

제2차 국토개발계획(1982~1991년)은 국토의 지역적 특성과 성격에 따라 28개의 지역생활권으로 나누어, 각 지역에 맞는 발전 전략을 마련하는 데 주안점을 두었습니다. 주요 개발지역은 서울, 부산, 대전, 대구, 광주를 중심으로 한 대도시생활권과 춘천, 원주, 강릉, 청주, 충주, 제천, 천안, 전주, 정읍, 남원, 순천, 목포, 안동, 포항, 영주, 진주, 제주의 지방도시를 중심으로 한 17개 지방도시생활권, 그리고 6개의 농촌도시생활권인 영월, 서산, 홍성, 강진, 점촌, 거창으로 구성되었습니다. 이러한 계획은 지역 간 발전 격차를 줄이고, 지역 경제를 균형 있게 성장시키는 데 목적을 두었습니다.

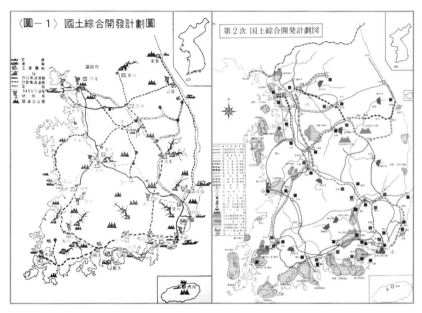

제1차 및 제2차 국토종합개발계획도   (출처 : 국토교통부)

제3차 국토개발계획(1992~2001년)은 지방 분산형 국토골격 형성을 중점으로 삼았습니다. 이 계획은 지역 간 균형발전을 도모하고 지역 경제를 활성화하는 것을 목표로 했습니다. 특히 인구와 산업의 분산을 촉진해 수도권 중심의 발전을 균형 있게 분산시키기 위한 정책들을 계획하고 추진했습니다.

주요 전략 중 하나는 15개 도시를 성장 거점 도시로 선정하는 것이었습니다. 서울과 부산을 비롯한 다양한 지역의 도시들이 성장 거점으로 지정되어 지역별 특성에 맞는 발전 전략을 마련하게 되었습니다. 예를 들어 세종특별자치시, 강원 속초시, 대구 수성구, 부산 수영구, 전남 순천시, 경북 안동시, 경기 안성시, 전북 전주시, 전남 진도군, 경남 진주시, 충북 충주시, 경남 통영시, 충남 홍성군이 이러한 성장 거점 도시로 지정되었습니다.

하지만 이 계획도 결국에는 수도권 1기 신도시 건설에 주력하게 되어 수도권의 중심성이 여전히 크게 작용했습니다. 이는 지방 분산형 개발이라는 본래의 목표와는 약간의 차이를 보이게 되었습니다.

제4차 국토개발계획(2000~2020년)은 국토의 지속 가능한 발전을 목표로 수립된 계획입니다. 이 계획은 국토의 발전과 지역사회의 풍요로운 삶을 위한 중요한 방향성을 제시하고 있습니다. 특히 최근 몇 년간 스마트 시티 개념이 도입되어 빅데이터와 혁신 기술을 활용해 도시 문제를 해결하고 도시 서비스를 스마트하게 개선하는 방향으로 발전해왔습니다.

스마트 시티로 운영 및 개발하고 있는 지역을 알아보면 서울과 인천 송도, 세종 5생활권, 부산 에코델타시티 등이 있습니다. 스마트 시티 개발은 혁신적인 ICT 기술을 기반으로 도시의 효율성을 높이고 사람들의 삶의 질을 높이는 데 중점을 두고 있습니다. 이러한 개발은 건강, 교육, 교통 등 다양한 분야에서 도시 인프라를 혁신하며 지속 가능한 발전을 촉진하고자 합니다. 또한, 제4차 국토종합계획은 문화도시 조성에도 큰 관심을 기울이고 있습니다. 문화적 자원을 활용해 지역사회의 경제적 파급 효과를 극대화하고, 지역 주민들의 삶의 질을 높이는 데 이바지했습니다. 문화도시는 문화적 매력을 갖춘 도시로 발전해 관광 산업을 촉진하고 창의적인 경제 활동을 유발하는 역할을 합니다.

이와 같은 방향성 아래, 제4차 국토종합계획은 국가 전반의 지속 가능한 발전과 도시화 과정에서의 문제 해결을 위한 체계적인 계획을 제시했습니다.

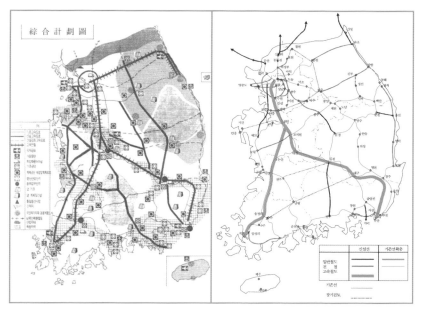

제3차 및 제4차 국토종합개발계획도 （출처 : 국토교통부）

03 > 혁신도시 연계형 강소도시권으로 발전할 지역

    제5차 국토개발계획(2020~2040년)은 국토정책에 새로운 메가트렌드인 인구구조 변화, 4차 산업혁명, 기후 변화 등이 중대한 영향을 미치는 시대적 변화에 대응하기 위한 혁신적인 전략을 제시합니다. 이 계획은 혁신도시 연계형 강소도시권을 구상하며 자치와 분권, 균형발전, 남북 관계 변화 등 다양한 요인을 고려해 국토 발전의 새로운 방향을 제시하고 있습니다.

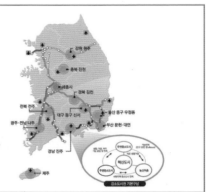

혁신도시 연계형 강소도시권 구상 (출처 : 국토교통부, 제5차 국토종합계획)

제5차 국토개발계획은 '모두를 위한 국토, 함께 누리는 삶터'라는 비전을 통해 현재와 미래 세대를 위한 국토의 백년대계 실현을 목표로 하며, 두 가지 핵심 개념으로 구성되어 있습니다.

첫째, '모두를 위한 국토'는 다양한 세대, 계층, 지역이 차별받지 않는 포용국가 기반을 구축하고, 좋은 일자리와 안전하고 매력적인 정주 환경을 제공해 글로벌 경쟁력을 갖춘 지속 가능한 국토를 조성하는 것을 의미합니다.

둘째, '함께 누리는 삶터'는 국민이 중요시하는 삶의 질과 건강 등을 다양한 국토 공간에서 실현하는 것을 목표로 합니다. 이를 위해 깨끗하고 품격 있는 국토 경관을 조성하고, 국토자원을 효율적으로 이용·관리해 모든 국민이 행복한 삶터를 누릴 수 있게 합니다. 이러한 비전으로 우리는 포용적이고 지속 가능한 국토 발전의 청사진을 제시하며, 함께 더 나은 미래를 만들어나가고자 합니다.

 투자 tip

1. **성공하는 신도시와 강소도시권** : 서울과의 접근성이 뛰어난 신도시가 성공의 핵심입니다. 특히 혁신도시와 함께 성장 거점 도시로 지정된 15개 지역에 주목하세요.
2. **성장하는 지역과 더블역세권** : 신도시와 일자리, 대기업 투자가 진행되는 더블역세권이 중요합니다. 이에 더해 GTX와 같은 교통 호재와 복합환승센터가 효과를 발휘합니다. 기존에 우수한 인프라를 갖춘 도시들인 부산과 대구도 이를 대표합니다.
3. **도시 확장성이 좋고 꾸준히 개발하는 지역** : 예를 들어 광명역처럼 개발비를 집중적으로 투자하고, 기대 효과를 예측해 지속적으로 개발하는 지역에 주목하세요.

04

55조 원 예산이 투입되는
고속도로 사업

　제2차 고속도로 건설계획(2021~2025년)은 국토교통부가 발표한 중장기 투자 계획입니다. 이 계획은 경제 성장을 촉진하며 쾌적하고 편리한 고속도로 환경을 조성하는 것을 목표로 하고 있습니다. 신설 및 확장 고속도로 사업에는 총 37건의 고속도로 사업이 포함되어 있으며, 이를 위해 55조 원의 예산이 투입됩니다. 국토교통부는 이 사업을 지역 균형발전, 교통 혼잡 완화, 물류 산업 지원, 남북 협력 대비 등 4대 추진 과제를 중심으로 선정했습니다.

　고속도로는 지역 간 이동을 원활하게 하며 물류와 상업 활동에 필수적입니다. 이는 지역 경제 발전에 큰 영향을 미칩니다. 교통이 편리한 지역은 기업의 투자 유치에 유리해 고용률도 높아지는 경향이 있습니다.

　그러나, 고속도로로 인한 지역 불균형 문제나 인구와 기업의 유출로 인한 지역 경제 공동화 등의 부작용도 고려해야 합니다.

1986년부터 2017년까지 고속버스 노선 수는 176개에서 286개로 62.5% 증가하면서 고속버스 이용의 편의성이 크게 증진되었습니다. 앞으로도 이 추세가 지속될 것으로 보이며, 고속버스가 정차하는 터미널인 **복합환승센터의 가치는 더욱 높아질 것**입니다.

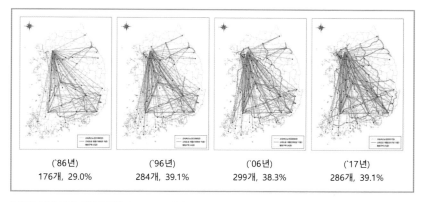

(`86년)	(`96년)	(`06년)	(`17년)
176개, 29.0%	284개, 39.1%	299개, 38.3%	286개, 39.1%

제2차 고속도로 건설계획(2021~2025년) /
고속도로 개통과 고속버스 노선 수 및 서비스면적 비율 변화   (출처 : 국토교통부)

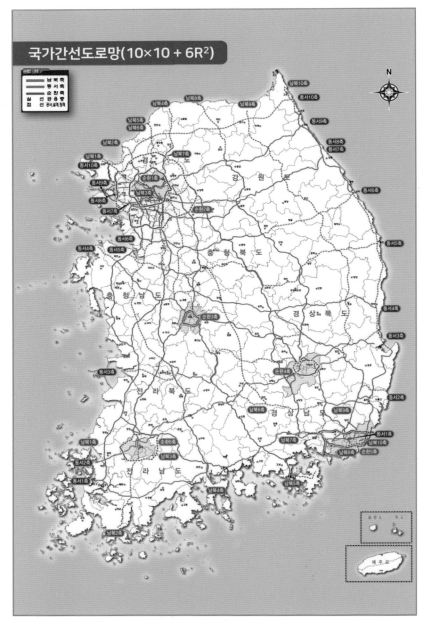

국가간선도로망(10×10 + 6R²)

제2차 고속도로 건설계획(2021~2025년) – 국가간선도로망 계획   (출처 : 국토교통부)

05

국가철도망 구축계획은 중장기적으로 수립되는 철도건설계획으로, 10년 단위 차수별로 철도건설법에 따라 제정됩니다. 제정된 계획은 수립된 날로부터 5년이 지나면 타당성을 검토해 변경할 수 있습니다.

제1차 계획(2006~2010년)은 남북 철도 연결과 수도권 우회 노선 확충을 중점으로 삼았습니다. 이를 통해 단절된 철도망을 연결하고 낙후된 시설을 개선해 국가철도망을 완성하고자 했습니다.

제2차 계획(2011~2020년)에서는 통합·다핵·개방형 국토 구조를 비전으로 세우고, 주요 거점을 1시간 30분대로 연결하는 것을 목표로 고속철도망 확충, 광역철도망 구축, 철도물류체계 개선 등을 추진했습니다.

제3차 계획(2021~2030년)은 운영 효율성 향상과 주요 거점 간 고속 연결을 강화하며, 비수도권 광역철도를 확대해 수도권 교통혼잡을 해소하고 안전하고 편리한 이용 환경을 조성하는 것을 주요 목표로 삼았습니다.

제4차 계획(2031~2040년)에서는 철도 운영 효율성을 더욱 강화하고, 주요 거점 간 고속 연결망을 확장해 국가 전반에 걸친 안전하고 효율적인 철도망을 구축하는 데 중점을 두고 있습니다. 이를 위해 총 119.8조 원의 예산이 투입될 예정이며, 이는 255조 원의 경제적 파급효과를 기대할 수 있는 것으로 평가됩니다.

이처럼 국가철도망 구축계획은 시기별로 철도 인프라 확충과 개선을 위한 다양한 목표를 설정하고, 국민의 철도 교통 편의성과 접근성을 높이며, 국가균형발전과 지역 간 연계성을 강화하는 데 기여하고 있습니다.

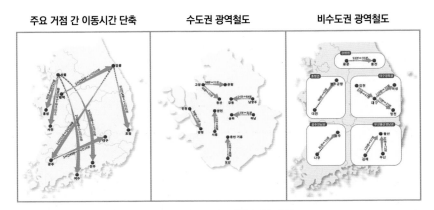

제4차 국가철도망 구축계획(2021~2030년) – 국민 생활 여건 개선 　　(출처 : 국토교통부)

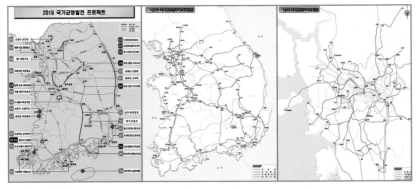

2019 국가균형발전 프로젝트, 제4차 국가철도망 구축계획(2021~2030년)(출처 : 국토교통부)

투자 tip

1. **수도권 신규 사업** : 역세권 부동산은 가치가 급상승하고 있습니다. 또한 서울
   시는 역세권 활성화 사업을 위해 용적률을 약 1.5배로 상향 조정했습니다.
2. **평택-오송 복선화** : 운행횟수를 2배로 늘릴 수 있어 역세권이 더욱 활성화될
   것입니다.
3. **일반철도**(국가에서 100%) : 경부선, 호남선, 전라선, 장항선에서 빠르게 진행되
   고 있습니다.
4. **광역철도**(국가와 지자체가 투자비 부담) : 지방의 예산 부족과 협조 지연으로 무산
   될 수도 있습니다.

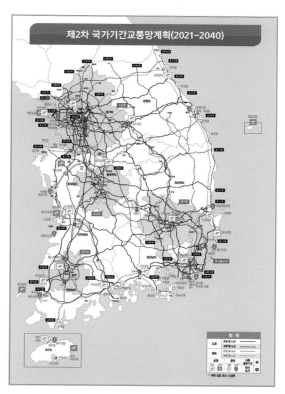

제2차 국가기간교통망계획(2021~2040년)　　(출처 : 국토교통부)

역세권 지가 상승 단계

역세권 지가 상승은 다양한 요인에 의해 발생하며, 일반적으로 다음과 같이 5단계로 진행됩니다.

1. **소문 단계** : 개발계획이 소문으로 알려지면 토지에 관한 관심이 높아집니다.
2. **발표 단계** : 정식 개발계획이 발표되면 토지의 가치가 상승하며, 투자자들의 주목을 받습니다.
3. **착공 단계** : 실제 공사가 시작되면 토지 가치가 더욱 상승합니다. 건설 작업이 진행되는 동안 토지의 가치도 증가합니다.
4. **완공 단계** : 개발이 완료되면 토지의 가치가 최고점에 도달합니다. 이 단계에서는 투자 수익이 크게 나타날 수 있습니다.
5. **활성화 단계** : 토지가 사용되거나 거래될 때 토지의 가치가 활성화됩니다. 이 단계에서는 실제 거래가격이 반영됩니다.

이러한 단계별 지가 상승은 토지 투자의 타이밍과 위치 선택에 중요한 역할을 합니다. 특히 **개발계획이 발표되는 시점과 착공 시기를 잘 파악해 투자를 진행하는 것이 핵심입니다.**

※ **토지 지가 3승 상승 법칙** : 소문 3배, 발표 9배, 착공 27배, 완공 81배, 활성화 단계 243배

예를 들어, 울산역 주변의 지가 상승은 다음과 같은 단계로 진행되었습니다.
2003년 : 개발계획 발표(지가 12,600원)
2008년 : 착공(지가 137,000원)
2010년 : 개통(지가 143,000원)
2014년 : 개통 후 5년(지가 1,050,000원)
2023년 : 활성화 상권지역(지가 7,973,000원)
이처럼 역세권은 지역의 발전과 지가 상승에 큰 영향을 미칩니다.

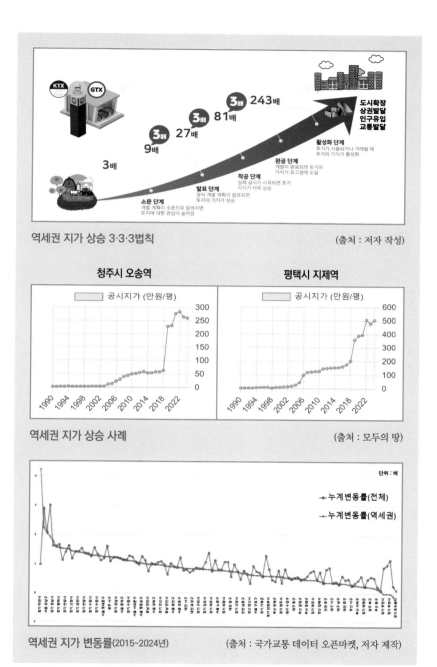

역세권 지가 상승 3·3·3법칙   (출처 : 저자 작성)

역세권 지가 상승 사례   (출처 : 모두의 땅)

역세권 지가 변동률(2015~2024년)   (출처 : 국가교통 데이터 오픈마켓, 저자 제작)

06 > 제5차 국가철도망 구축 계획에서 관심 가져야 할 곳

제5차 국가철도망 구축계획은 2025년 초까지 수립될 예정입니다. 이 계획은 국가철도망을 효율적으로 구축하고 개선해 교통 편의성을 높이는 것을 주요 목표로 하고 있습니다. 전국적으로 철도망을 효율적으로 구축하고 개선함으로써 전체 교통시설의 규모가 5년 동안 8.27% 증가할 것으로 기대되며, 사회적 비용인 차량 운행 비용, 통행 시간 비용, 환경 비용 등이 73.5조 원 감축될 전망입니다.

그리고 지역 균형발전을 지원하기 위해 광역철도를 확대하고, 지방지역의 발전을 선도할 계획입니다. 벽지 노선, 준공영제, 수요응답형 교통 등을 통해 교통 소외지역을 해소할 것입니다.

또한, 광역교통 거점에 환승센터를 구축하고 GTX 환승역사에서의 환승 시간을 단축할 계획입니다. 이를 통해 국토를 통합하고, 교통 효율성을 높이며, 환경친화적인 교통체계를 구축하는 데 중요한 역할을 할 것으로 기대됩니다. 수도권 광역급행철도(GTX) 연장선과 D·E·F 신설 계획이 앞당겨지게 되며, 이를 위해 제5차 국가철도망 구축계획의 수립이 2025년으로 1년 이상 빨리 진행될 예정입니다.

사업	사업 구간	사업비	추진 현황	일정
GTX-A	운정~삼성(민자)	3.5조 원	공사 중	2024년 하반기 구간 개통
	삼성~동탄(재정)	2조 원		올해 시범운행· 2024년 3월 30일 개통
GTX-B	인천대입구~ 마석(민자)	4.1조 원	시설사업기본계획 (REP) 고시 완료	1월 우선협상 대상자 선정·협상
	용산~상봉(재정)	2.4조 원	기본계획 고시 완료	1분기 실시설계 적격자 선정
GTX-C	덕정~수원(민자)	4.4조 원	우선협상 대상자 실시협약 협상 중	1분기 실시계약 추진
GTX-D	김포~부천	2.3조 원	사전타당성 조사 완료	1분기 예비타당성 신청

수도권 광역급행철도 기존 사업 추진 현황 (출처 : 국토교통부)

 투자 tip

1. **개통 후 파급 효과가 큰 GTX역에 관심** : GTX-A역은 개통 후 동탄에서 수서 까지의 접근시간을 79분에서 19분으로 단축해 역세권 부동산 가치를 크게 끌어올리고 있습니다.

2. **사업성을 고려해 우선 순위화** : 부동산 투자에서는 사업성을 우선 고려해서 먼저 진행되는 GTX역과 더블역세권에 주목해야 합니다.

3. **광역버스, 지하철 등 다른 교통수단과 연계된 지역에 관심** : GTX역세권은 광 역버스와 지하철 등 다양한 교통수단과의 연계가 원활해서 이용이 편리하고 기존 상권도 활성화됩니다.

GTX역과 연계한
복합환승센터에 주목하자

07

　도시의 교통인프라 개선과 관련된 최신 계획들은 GTX와 KTX를 중심으로 한 광역교통망 확충에 초점을 맞추고 있습니다. 특히 GTX 개통으로 환승 시간을 단축하고 광역급행철도의 효과를 극대화하기 위해 다양한 계획이 진행되고 있습니다.

　서울역, 삼성역, 청량리역과 같이 중심 지역들을 연결하는 GTX 환승 트라이앵글(Triangle)은 이 지역들의 중요성을 한층 높이며, 이들을 통해 국내 최고의 환승 체계를 구축하려는 목표를 갖추고 있습니다. 또한 금정, 대곡, 덕정, 동탄, 부천종합운동장, 부평, 삼성, 상봉, 서울, 수원, 양재, 여의도, 용인, 운정, 의정부, 인천대입구, 인천시청, 창동, 청량리, 킨텍스와 같이 20개의 주요 지역은 환승센터를 더욱 발전시키기 위한 계획이 진행되고 있습니다.

　대도시권의 주요 중심지에서는 KTX 환승센터와 복합환승센터로 계획해서 진행하고 있습니다. 계룡, 마산, 서대구, 울산, 익산, 전주, 천안아산역들도 중요 KTX 환승센터와 복합환승센터가 계획되어 있으며, 이들을 통해 버스, 택시, 승용차 등 다양한 교통수단과의 연계가 강화됩니다.

또한, 지역의 주요 교통거점 20곳에서도 철도, BRT, 버스 간의 환승 체계가 개선될 예정입니다. 강일, 걸포북변, 검암, 구리, 김포공항, 대저, 명지신도시, 병점, 복정, 북정, 사당, 사상, 사송, 송정, 아주대삼거리, 유성 터미널, 인덕원, 평택지제, 초지, 태화강역들도 복합환승센터로 진행됨으로써, 대중교통 이용자들에게는 더욱 큰 편의가 제공될 것입니다. 이러한 전략적인 인프라 개선은 도시의 교통 효율성을 높이고, 지역 간 균형발전을 도모하는 데 중요한 역할을 할 것입니다.

GTX 삼성역 복합환승센터   (출처 : 서울시, 국토교통부)

GTX A·B·C 노선으로 더 혜택받는 지역

08

2024년 1월 25일, 국토교통부는 교통 분야에서 3대 혁신 전략을 발표했습니다. 그중 가장 핵심 전략인 GTX 사업은 2024년 3월에 A노선인 수서에서 동탄까지의 구간을 최초로 개통하며, 운정에서 서울역까지의 구간을 연내에 순차적으로 개통할 계획입니다.

이와 함께 B노선은 2024년 연초부터 착공해 2030년, C노선은 2028년에 개통을 목표로 올해 착공할 계획입니다.

이러한 1기 GTX 성과를 기반으로 본격적으로 수도권 GTX 시대가 열릴 예정입니다.

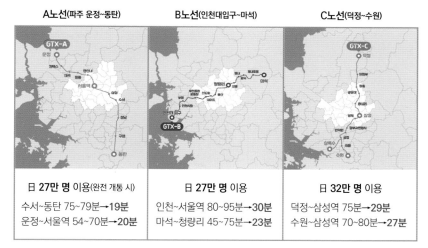

A노선(파주 운정~동탄)	B노선(인천대입구~마석)	C노선(덕정~수원)
日 27만 명 이용(완전 개통 시)	日 27만 명 이용	日 32만 명 이용
수서~동탄 75~79분→19분	인천~서울역 80~95분→30분	덕정~삼성역 75분→29분
운정~서울역 54~70분→20분	마석~청량리 45~75분→23분	수원~삼성역 70~80분→27분

교통 분야 3대 혁신+전략, GTX시대 개막   (출처 : 국토교통부)

GTX 개통 이후 강남으로 이동하는 시간이 단축되면, 역 주변의 상권이 발전함에 따라 해당 지역의 부동산 가치가 크게 상승할 것입니다.

GTX A·B·C 기존 노선을 연장하고, D·E·F 신규 노선을 신설해 2기 GTX 시대를 빠르게 준비하고 있습니다. A·B·C 노선의 연장은 먼저 지자체 비용 부담 방식에 대한 협의를 진행한 후, 예비타당성 조사 등의 절차를 거쳐 사업을 추진할 계획입니다. 만일 지자체의 비용 부담이 합의되면, 임기 내에 착공을 목표로 해 속도감 있게 사업을 진행할 것입니다.

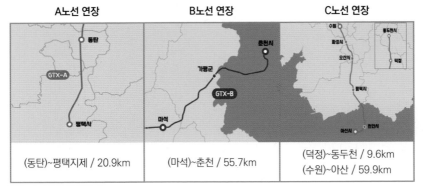

A노선 연장	B노선 연장	C노선 연장
(동탄)~평택지제 / 20.9km	(마석)~춘천 / 55.7km	(덕정)~동두천 / 9.6km (수원)~아산 / 59.9km

2기 GTX A·B·C 연장 추진

　신규 D·E·F 노선은 제5차 국가철도망계획에 반영하며, 속도감 있게 사업을 진행하기 위해 1~2단계 구간별로 추진합니다. 특히 1단계 노선에 대해서는 임기 내에 예비타당성 조사를 통과시킬 예정입니다.

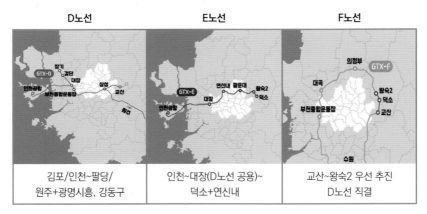

D노선	E노선	F노선
김포/인천~팔당/ 원주+광명시흥, 강동구	인천~대장(D노선 공용)~ 덕소+연신내	교산~왕숙2 우선 추진 D노선 직결

2기 GTX D·E·F 반영 예정

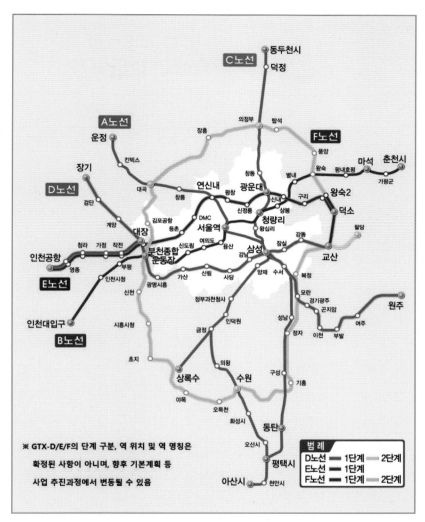

교통 분야 3대 혁신+전략, 2기 GTX 본격 추진   (출처 : 국토교통부)

09 대도시권 광역교통계획 및 신규 환승센터 알아보기

제4차 광역교통시행계획은 2021년부터 2025년까지의 기간 동안 광역교통인프라를 강화하고 효율적인 대중교통 시스템을 구축하는 데 초점을 두고 있습니다. 수도권을 중심으로 한 이 계획은 광역급행철도와 광역 BRT를 확대해 교통인프라를 강화하며, 광역버스 준공영제를 통해 저비용이고 고효율인 교통수단을 제공합니다.

또한, 환승센터의 구축과 광역교통 요금체계의 확립을 통해 편리한 교통환경을 제공하고 합리적인 요금체계를 마련하는 데 주력하고 있습니다. 신도시 광역교통개선대책 또한 권역 내 균형발전을 도모하며, 이 모든 사업은 수도권 내 총 76개로 광역철도 29개, 광역도로 7개, 간선급행버스체계(BRT) 8개, 환승시설 32개 사업으로 구성되어 있습니다.

이와 같은 광역교통계획은 대도시권의 교통체증 완화와 함께 경제발전과 환경보호 측면에서도 중요한 역할을 하고 있습니다.

구분	환승센터 사업명(사업비 / 단위 : 억 원)
신규	청량리역(1,699), 서울역(1,294), 양재역(468), 상봉역 복합(305), 여의도역 복합(500), 창동역 복합(722), 용인역 복합(1,279), 운정역(1,457), 동탄역(651), 부천 종합운동장역(1,250), 의정부역(365), 금정역 복합(140), 덕정역(63), 대곡역 복합(1,172), 부평역(129), 인천시청역(136), 인천대입구역(505), 초지역(402), 인덕원역 복합(460), 구리역(131), 아주대삼거리역(113), 걸포북변역 복합(1,700)
계속	사당역 복합(796), 병점역(150), 복정역 복합(1,350), 지제역 복합(1,138), 수원역(925), 김포공항역 복합(480), 킨텍스역 복합(350), 강일역(325), 삼성역 복합(316), 검암역 복합(390)

환승센터 및 복합환승센터 사업 (출처 : 대도시권광역교통위원회)

부산·울산권 역시 광역교통계획의 중요 대상으로 선정되어 있습니다. 이 지역에서는 일반철도 노선을 이용해 광역철도를 운영하고 신규 노선을 추진해 대중교통 중심의 네트워크를 강화하고 있습니다. 또한 광역도로와 BRT를 확충해 권역 내의 연계성을 강화하는 방안을 추진하고 있습니다.

대상 사업은 총 19개로 구성되어 있으며, 이 중에는 광역철도 3개, 광역도로 6개, BRT 1개, 그리고 환승시설 9개의 사업이 포함되어 있습니다. 이처럼 부산·울산권에서도 교통인프라의 혁신과 개선을 위해 노력하고 있습니다.

구분	환승센터 사업명(사업비 / 단위 : 억 원)
신규	울산 송정역(71), 경남 마산역 광역(265), 양산 북정역(355), 양산 사송역(70)
계속	명지신도시(9), 대저역(10), 태화강역(107), 울산역 복합(602), 사상역(170)

부산·울산권 환승센터 사업 (출처 : 대도시권광역교통위원회)

대구권에서는 광역철도를 확충해 대중교통의 환승 및 연계 체계를 강화하고 있습니다. 대상 사업은 총 10개로, 광역철도 3개, 광역도로 6개, 그리고 서대구역 복합 환승시설 1개(450억 원 규모)로 구성되어 있습니다.

광주권에서는 광역철도의 신규 노선을 추진하고 광역버스 체계를 도입해 대중교통 중심의 광역교통 네트워크를 확충하고자 합니다. 대상 사업은 총 3개로, 광역철도 1개, 광역도로 2개로 구성됩니다.

참고로 달빛내륙철도는 광주송정역과 서대구역을 연결하는 노선입니다. 이 프로젝트는 제4차 국가철도망 구축계획에 포함되어 있으며, 198km의 거리인 광주와 대구를 1시간대로 이동할 수 있는 고속철도로 약 7조 원의 생산 유발 효과가 예상됩니다.

대구-광주 달빛고속철도 계획 (출처 : 대구광역시)

대전권에서도 광역철도의 신규 노선을 추진하며 광역버스 체계를 도입해 대중교통 네트워크를 강화할 계획입니다. 대상 사업은 총 14개로, 광역철도 5개, 광역도로 4개, BRT 3개, 그리고 계룡역 환승시설(135억 원 규모)과 유성 복합터미널 환승시설(1,073억 원 규모) 2개로 구성되어 있습니다.

대도시권
환승센터 후보지역은?

10

2024년 3월, 환승센터 후보 입지가 선정되었습니다. 이번 선정은 다양한 유형의 환승센터를 포함하고 있습니다.

첫째, 회차형 환승센터는 디지털미디어시티, 강일, 청계산 입구, 선바위, 까치산, 김포공항을 포함해 총 **6개의 지역이 선택되었습니다.** 이들은 특히 광역교통의 효율성을 극대화하고 지역 내 이동을 원활하게 할 것으로 기대됩니다.

둘째, 도심형 환승센터는 서울, 여의도, 청량리, 잠실, 사당, 강남, 삼성을 포함해 총 **7개의 중심지로 설정되었습니다.** 이들은 주로 도심의 교통혼잡을 완화하고 도심 내 이동의 편의성을 높이는 역할을 할 것입니다.

셋째, 철도연계형 환승센터는 운정, 킨텍스, 대곡, 용인, 동탄, 송도, 인천시청, 부평, 별내, 평내호평, 마석, 덕정, 의정부, 금정, 수원, 검암, 광교를 포함해 총 **17개의 지역이 포함되었습니다.** 이는 다양한 지역 간의 교통연계를 강화하고 지역 경제 발전에 이바지할 것입니다.

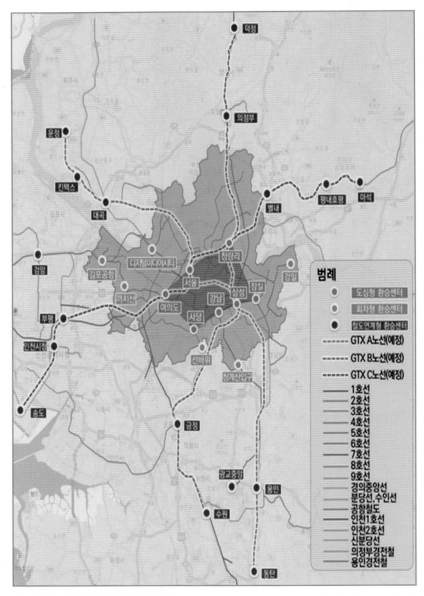

범례

- 도심형 환승센터
- 회차형 환승센터
- 철도연계형 환승센터
- ----- GTX A노선(예정)
- ----- GTX B노선(예정)
- ----- GTX C노선(예정)
- 1호선
- 2호선
- 3호선
- 4호선
- 5호선
- 6호선
- 7호선
- 8호선
- 9호선
- 경의중앙선
- 분당선.수인선
- 공항철도
- 인천1호선
- 인천2호선
- 신분당선
- 의정부경전철
- 용인경전철

수도권 환승센터 후보 입지 선정 결과   (출처 : 한국교통연구원)

11 | 수직이착륙기가
착륙하는 장소(버티포트)에 투자

　미래의 도시 이동 수단으로서 도심항공교통(UAM)이 주목받고 있습니다. 수도권에서는 UAM을 상용화하기 위해 실증이 추진되고 있습니다. 아라뱃길에서 계양까지의 상공 비행이 먼저 진행되고, 이후 한강과 탄천지역으로 확대될 예정입니다. 이러한 과정은 2025년에 최초 상용화를 목표로 하고 있으며, 서비스 확산을 통해 관광, 치안, 의료 분야 등에서 UAM의 다양한 활용 모델을 구축할 계획입니다.

K-UAM 수도권 실증 노선　　　　　　　　**실증 일정**

<table>
<tr><td>

고양킨텍스 V5

드론시험
인증센터 V1　1　2-2단계, 한강
　　　　(25.4 ~ 25.5월)

V2　V3　2　여의도　잠실

계양
신도시　김포공항　V4　V6

2-1단계, 아라뱃길
('24.8 ~ 25.3월)　　2-3단계, 탄천
　　　　　　　('25.5 ~ 6월)　3　V7
　　　　　　　　　　　　　수서역

</td><td>

☐1 **아라뱃길**(2024.8~2025.3)
　• 준도심에서의 안전성 검증

☐2 **한강**(2025.4~5)
　• UAM 공항지역과 한강 회랑 실증

☐3 **탄천**(2025.5~6)
　• 본격적 도심 진출을 위한 실증

</td></tr>
</table>

교통 분야 3대 혁신+전략, 도심항공교통 상용화 준비　　　　　　(출처 : 국토교통부)

한편, 버티포트를 포함한 미래형 환승센터 시범사업도 진행 중입니다. 평택지제역, 강릉역, 마산역, 대전역이 2023년 3월 28일에 선정되었습니다. 이들 미래형 환승센터는 기존의 역할을 넘어서서 K-UAM, 수직이착륙기가 이용하는 버티포트를 포함해서 개발될 예정입니다. 이를 통해 도시 간 이동시간이 획기적으로 단축되고, 산악지역이나 섬과 같이 교통 취약 지역으로 쉽게 이동할 수 있습니다.

미래형 환승센터 시범사업   (출처 : 국토교통부)

도심항공교통(Urban Air Mobility, UAM) 분야에서는 전 세계적으로 **수직이착륙기(eVTOL) 개발**이 활발히 진행 중입니다. 멀티콥터 형태, 하이브리드 개념, 양력-추력 추진 방식 등 다양한 형태의 eVTOL이 개발되고 있으며, 이들은 도심 내 고속 이동을 가능하게 할 것입니다.

세계적으로 주목받는 eVTOL 개발 업체로는 볼로콥터, 에어버스, 릴리움, 벨, 키티호크 등이 있습니다. 또한 국내에서는 롯데건설이 버티포트(수직 이착륙장)를 도심 내 주요 거점(복합환승센터, 쇼핑몰, 전기 및 수소 충전시설, 그리고 병원 등) 상부에 설치할 수 있는 기술을 개발하고 있어, 도심 항공 모빌리티 인프라의 중심으로 자리 잡을 전망입니다.

세계/국내 수직이착륙기 현황   (출처 : 에어비에이션 워크, 저자 작성)

세계/국내 버티포트 구상도   (출처 : 저자 작성)

CHAPTER

03

부동산 가치를
5분 이내 평가하는 방법

부동산은 우리 삶에서 중요한 자산 중 하나입니다. 그러나 부동산 시장은 항상 변화하고 있어 그 가치를 정확히 평가하기란 쉬운 일이 아닙니다. 특히 빠르게 평가해야 하는 상황에서는 어떻게 해야 할까요? CHAPTER 03에서는 부동산 가치를 빠르게 평가하는 몇 가지 방법을 소개하겠습니다. 이 방법들은 전문적인 감정평가사의 평가와는 다소 차이가 있을 수 있으나, 빠르게 대략적인 가치를 파악하는 데 도움이 될 것입니다. 또한 감정평가의 기본 원리와 부동산 투자에서의 활용 방법도 알아보겠습니다.

01 > 감정평가의 기본 원리를 알아야 하는 이유

감정평가란, 부동산을 포함한 다양한 유형과 무형의 재산에 대해 경제적 가치를 판단해 금액으로 표시하는 과정을 말합니다. 이 과정에서는 개별 부동산의 현재 상태와 시장 상황을 고려해 정확한 시장 가치를 결정하는 것이 원칙입니다. 감정평가는 토지, 건물, 기계 기구, 영업권 등 다양한 자산 유형에 적용할 수 있습니다.

감정평가법인은 다음과 같은 방식으로 감정평가를 수행합니다. 원가 방식이란 얼마나 비용을 들여서 만들어졌는지를 기준으로 해당 부동산의 가치를 평가하는 방식입니다. 비교 방식은 유사한 거래 사례를 비교 분석해 시장성을 기반으로 부동산의 가치를 평가하는 방식입니다.

수익 방식은 부동산이 얼마나 수익을 창출할 수 있는지를 평가해 가치를 결정합니다. 각 방식은 부동산의 특성과 상황에 맞게 적절히 선택해 사용해야 합니다.

토지는 공시지가 기준법을 적용해 감정평가가 이루어집니다. 감정평가법인은 다음과 같은 절차를 따릅니다. 먼저, 대상 토지와 비슷한 용도와 입지를 갖춘 인근지역의 표준지를 선정하며, 필요에 따라 동일수급권 내의 유사지역 표준지를 선택할 수 있습니다. 이어서 국토교통부장관이 발표한 비교표준지의 지가변동률을 반영해 시점수정을 해서 지역요인과 개별요인을 비교하고, 그 밖의 요인 보정을 통해 정확한 감정평가액을 결정합니다.

건물은 원가법을 기준으로 감정평가가 이루어집니다. 이 방식은 건물을 건설할 때 들어간 비용을 산정해 가치를 평가하는 방식입니다.

토지와 건물을 일괄 감정평가할 때는 소유권의 대상이 되는 건물 부분과 대지사용권을 함께 감정평가합니다. 이 경우에는 거래사례비교법을 적용해 합리적인 기준에 따라 토지 가액과 건물 가액을 분리해 표시합니다.

산림은 산지와 입목을 구분해 감정평가하며, 소경목침(지름이 작은 나무·숲)의 경우 원가법을 적용할 수 있습니다. 또한, 산지와 입목, 과수원을 일괄 감정평가할 때도 거래사례비교법을 적용해 평가합니다.

공장재단은, 각각의 개별 물건의 감정평가액을 합산해 평가하되, 일괄적으로 평가해야 할 때는 수익환원법을 적용할 수 있습니다. 또한, 광업재단의 경우에는 항상 수익환원법을 기준으로 감정평가가 이루어집니다.

| 감정평가 실생활 활용 분야 |

• **표준공시지가 :** 지역마다 대표하는 표준지의 땅값을 측정해 매긴 가격입니다. 전국에 있는 시청, 구청, 면사무소 또는 주요지역이 있는 50만 개 표준지를 선정해서 적정가격을 매겨놓은 것으로, 일반적으로 토지 거래나 감정평가의 기준이 되는 가격입니다. 이는 부동산 관련 세금을 부과할 때의 기준이 되기도 합니다.

최근 10년간 전국 표준주택 공시지가 변동률 현황

연도	2015	2016	2017	2018	2019	2020	2021	2022	2023	2024
변동률(%)	3.81	4.15	4.75	5.51	9.13	4.47	6.8	7.34	-5.95	0.57

▶ 2024년 최상위 필지는 상업용(169.3㎡)으로 1㎡당 1.754억 원이며, 서울 중구 충무로1가 24-2에 위치합니다.

▶ 최상위 단독주택은 대지 1,759㎡ 및 연면적 2,862㎡에 285.7억 원으로 서울 용산구 한남동(이태원로55라길)에 있습니다.

〈최고〉 ㎡당 17,540만원

서울 중구 명동8길 52 (충무로1가)
● 용도지역 : 중심상업지역
● 이용상황 : 상업용
● 가격변동 : 0.74%('23년 17,410만원/㎡)

〈최저〉 ㎡당 201원

충북 옥천군 청성면 화성리 산5
● 용도지역 : 농림지역
● 이용상황 : 자연림
● 가격변동 : 0.5%('23년 200원/㎡)

2024년도 부동산 가격공시에 관한 연차 보고서　　(출처 : 국토교통부 한국부동산원)

• 재개발 및 재건축과 같은 정비사업에서도 감정평가가 활용됩니다. 국가가 보유한 국공유지를 처분하거나 일반 사유지의 적정한 수준의 보상을 결정할 때, 지자체의 공공용지 매수, 경매나 공매, 각종 소송 등에도 감정평가가 활용됩니다.

• 금융기관에서는 신청자나 채무자가 신청한 담보의 가치를 확인해 한도를 설정하기 위해 감정평가를 합니다.

02 > 신뢰성을 높이기 위한 감정평가 3가지 방법

첫째, 원가 방식은 주로 신축 건물이나 특수 목적 부동산에 사용됩니다. 이 방법은 해당 부동산을 새로이 구매할 때 들어가는 비용을 기반으로 부동산 가치를 산정합니다.

평가 과정은 먼저 부동산의 재조달원가를 계산합니다. 이때 현재의 시장 가치를 고려해 건물, 토지, 건축물, 시설물 등 각 항목의 가치를 개별적으로 산출합니다. 그 후 이 개별 가치들을 합산해 부동산의 전체 시장 가치를 결정합니다.

| 아파트 기준건축비 |

• 2024년도 표준건축비는 2,319,000원/㎡입니다. 이는 국토교통부에서 정한 값으로, 건물을 특정 시점에 재생산하거나 재취득하는 데 필요한 적정 원가를 의미합니다. 표준건축비는 건물의 평가 및 건축비 관련 보조금과 융자 등을 결정하는 기준으로 사용됩니다.

표준건축비를 계산할 때는 다음과 같은 요소를 고려합니다.

- 대지비 : 공시지가(평)에 2~2.5배를 곱한 값 또는 공시지가(평)에 2~2.5배를 33(평)/용적률(%)로 나눈 값
- 건축비 : 제곱미터당 표준건축비 × 3.3058(평으로 환산 비율) × 국민 평형 평균 계약 면적을 평으로 환산한 값
- 금융비 : (대지비 + 건축비) × 10~20%

표준건축비를 평형별로 살펴보면 25평(80㎡)은 2.32억 원, 34평(110㎡)은 2.55억 원, 40평(132㎡)은 3.06억 원입니다.

(출처 : 국토교통부, 연도별 기준건축비)

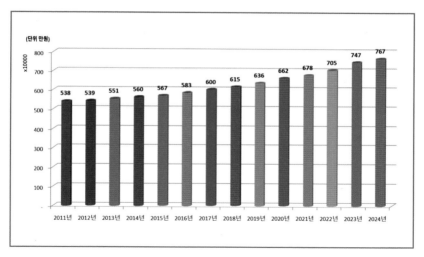

연도별 평당 표준건축비 추세   (출처 : 국토교통부)

    중요한 점은 감가상각액을 고려해야 한다는 것입니다. 시간이 지남에 따라 부동산의 가치가 감소하는 것을 반영해서, 대상 부동산의 현재 가치를 보다 정확히 추정할 수 있습니다.

구분	기준 내용연수 및 범위(하한~상한)	구조 또는 자산명
1	5년(4~6년)	차량 또는 운반구, 공구, 기구 및 비품
2	12년(9~15년)	선박 또는 항공기 (운수업 외의 업종에 사용되는 것에 한한다)
3	20년(15~25년)	연와조, 블럭조, 콘크리트조, 토조, 토벽조, 목조, 목골모르타르조, 기타조의 모든 건물(부속 설비를 포함한다)과 구축물
4	40년(30~50년)	철골·철근콘크리트조, 철근콘크리트조, 석조, 연와석조, 철골조의 모든 건물(부속 설비를 포함한다)과 구축물

건축물 등의 기준내용연수 및 내용연수범위(제15조 제3항 관련) (출처 : 국가법령정보센터, 법인세법 시행규칙)

둘째, 수익 방식은 주로 투자용 부동산이나 임대 부동산의 가치를 평가할 때 사용됩니다. 이 방식은 부동산이 창출할 수 있는 수익을 중심으로 가치를 평가합니다.

평가 과정은 다음과 같습니다. 먼저, 대상 부동산의 임대료를 산정합니다. 이 과정에서는 부동산의 특성, 위치, 현재 시장 조건 등을 종합적으로 고려합니다. 다음으로, 산정된 임대료에서 순수익을 계산하고, 이를 환원이율로 환원합니다.

환원이율은 현재 가치로 계산하는 데 사용되는 이율로, 자본 수익률, 자본 회수율, 할인율 등을 종합적으로 고려해서 결정합니다. 정확한 순수익과 환원이율을 파악하는 것이 중요하며, 이를 통해 대상 부동산의 현재 가치를 추정할 수 있습니다. 참고로, 부동산계산기.com과 같은 웹사이트를 활용하면 임대수익률이나 적정가격을 쉽게 계산할 수 있어 투자 결정에 도움이 될 것입니다.

셋째, 비교 방식은 주택이나 상업용 부동산과 같은 다양한 부동산 유형에 주로 사용됩니다. 이 방식은 시장에서 실제로 거래된 유사한 부동산의 매매 사례를 참고해서 대상 부동산의 가치를 평가합니다.

평가 과정은 다음과 같습니다. 먼저, 대상 부동산과 유사한 다른 부동산들의 거래 사례를 철저히 분석합니다. 이를 통해 시장에서 유사한 부동산들이 어떤 가격으로 거래되었는지를 확인합니다.

그다음 대상 부동산의 특성, 위치, 시장 조건 등을 고려해 가치를 보정합니다. 유사한 부동산들의 거래가격을 기준으로 조정해 대상 부동산의 현재 가치를 정확히 평가합니다.

비교 방식의 장점은 실제 시장 거래를 바탕으로 한다는 점입니다. 이를 통해 투자자들은 부동산 시장의 흐름을 더 잘 이해하고 적절한 시점에 투자를 결정할 수 있을 것입니다.

감정평가
3방식 6방법론에 대해서

03

부동산 감정평가란 부동산의 시장 가치를 측정해 화폐로 표시하는 과정입니다. 이를 위해 원가 방식, 수익 방식, 비교 방식의 3가지 기본 방식이 있습니다. 각 방식에서 구체적인 평가 방법이 도출되어 6가지 방법으로 나눌 수 있습니다.

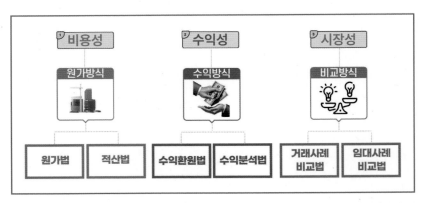

감정평가의 3방식 6방법

(출처 : KB 지식비타민 참고)

원가 방식

원가법은 대상 물건의 재조달원가에 감가수정을 해 가액을 산정하는 방법입니다. 이 방법은 감정평가에서 주로 사용되는 방법으로, 대상 부동산의 가치를 재조달원가와 감가수정을 고려해 결정합니다.

감정평가에서 원가법을 사용하는 절차는 다음과 같습니다. 먼저, 부지 가치를 산정해 대상 부동산의 토지 부분의 시장 가치를 파악합니다. 이어서 건물을 신축하는 데 필요한 비용을 계산하고, 건물의 이용 기간을 반영해 잔존가치를 판단합니다. 마지막으로, 부지 가치에 건물 잔존가치를 합산하면, 대상 부동산의 총 가치를 판단할 수 있습니다.

원가법은 주로 공공용 부동산이나 특수 부동산(예 : 교회, 사찰 등)의 평가에 이용됩니다. 그러나 시장성 및 수익성이 반영되지 않는 단점이 있습니다. 또한, 원가법은 평가자의 주관 개입이 적고 평가액의 편차가 적은 장점이 있지만, 정확도와 적용 범위에 제한이 있습니다.

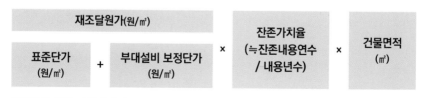

원가법에 의한 시산가액 산정 (출처 : KB 지식비타민)

적산법은 부동산의 가격을 기대 이율로 평가한 금액에 경비를 포함해 임대료를 산정하는 방법입니다.

수익 방식

수익환원법은 부동산이 창출할 수 있는 미래의 수익을 기준으로 평가하는 방법입니다. 주로 상업용 부동산이나 임대용 부동산에 사용되며, 부동산의 임대료나 기타 수익을 통해 얻을 수 있는 순수익을 분석해서 그 가치를 산정합니다.

예시로 한 상가 건물이 보증금 5,000만 원, 월 500만 원의 임대 수익을 창출하고, 운영비용이 600만 원이라면, 순수익은 5,400만 원이 됩니다. 이를 6%의 환원이율로 환산하면, 해당 상가 건물의 가치는 9억 원이 됩니다. 그리고 아파트가 보증금 2,000만 원, 월 200만 원의 임대 수익을 창출하고, 운영비용이 200만 원이라면, 순수익은 2,200만 원이 됩니다. 이를 5%의 환원이율로 환산하면, 해당 아파트의 가치는 4.6억 원이 됩니다.

	연간 예상 임대료	
×	임대 단위 수	
	가능 소득	부동산 임대 등 운영으로부터 발생하는 예상 수익
−	공실 및 불량부채	회수 불가능한 임대료 등 손실 예상액
+	기타 소득	주차장 요금 및 기타 시설 이용료 등 기타 수입 예상액
	유효 소득	가능 소득에서 공실 및 불량부채를 공제한 금액
−	영업경비	부동산 운영 시 소요되는 수리비, 관리비, 제세공과금 등
	순운영소득	유효 소득에서 영업경비를 공제한 금액
÷	환원(할인)율	무위험이자율 + 리스크 프리미엄 − 예상되는 영업 이익 증감률
	해당 부동산 시산가액	

수익환원법에 따른 감정평가액 추정식   (출처 : KB 지식비타민)

수익분석법은 부동산을 일정 기간 임대해 발생하는 임대료에 경비를 제외해 임대료를 산정하는 방법입니다. 임대용 부동산이나 기업용 부동산의 가치를 평가할 때 유용하며, 임대료를 산정하는 데 필요한 경비를 고려해 부동산의 가치를 추정합니다.

비교 방식

거래사례비교법은 대상 부동산과 유사한 거래 사례를 통해 가격을 평가하는 주요 방법입니다. 우선, 유사한 거래 사례를 조사하고, 가격을 비교해 보정한 후 최종적으로 부동산의 가치를 판단합니다. 이 방법은 특히 토지의 평가에 많이 활용되며, 간편하고 이해하기 쉬운 특징을 가지고 있어 널리 사용됩니다. 그러나 거래 사례가 부족한 단독주택이나 시장성이 없는 학교, 교회 등에는 적용하기 어려울 수 있습니다.

또 한 가지 임대사례비교법은 임대용 부동산이나 기업용 부동산의 가치를 평가하는 데 유용합니다. 이 방법은 다양한 비용을 고려해 부동산의 가치를 판단합니다. 또한, 실거래가 공개시스템을 통해 매매와 임대 정보를 신속하게 조회할 수 있다는 점도 매우 유용합니다. 이를 통해 시장 동향을 파악하고 비교 분석을 수월하게 할 수 있습니다. 부동산 투자에 있어서는 정확한 정보와 신속한 데이터 접근이 매우 중요하니, 이러한 시스템을 적극적으로 활용하시는 것이 좋습니다.

04 빅데이터를 활용하면 아파트 시세 흐름을 알 수 있다

부동산 가치를 더 정확하게 파악하기 위해 다양한 사이트와 앱을 활용하는 것은 가장 효율적인 방법입니다. 그중에서 부동산의 가치를 쉽게 확인하고 비교할 수 있는 몇 가지 플랫폼을 소개하겠습니다.

첫째, KB부동산 데이터 허브입니다. 이 플랫폼은 KB가 개발한 부동산 데이터 플랫폼으로, 다양한 AI 모델을 활용해 아파트, 오피스텔, 빌라, 주택, 토지, 건물 등의 현재 AI 추정가를 제공합니다. 이를 통해 면적별·호별로 부동산 추정가를 확인할 수 있습니다. 또한, 부동산 시세, 개발 가능성, 학군 평가, 층별 효용 분석, 과거 거래가격, 주변 아파트 가격 등의 다양한 데이터를 제공합니다. 더불어, 과거의 유사한 데이터를 분석해 미래의 부동산 가격을 예측하는 기능도 제공합니다.

리치고 헤라, 보스턴에임스의 미래 가격은 하나의 참고용 지표이며, 인구 감소에 따른 지역별 부동산 초양극화, 메가시티로의 인구 집중, 그리고 역세권의 가치 향상 등을 고려해야 합니다.

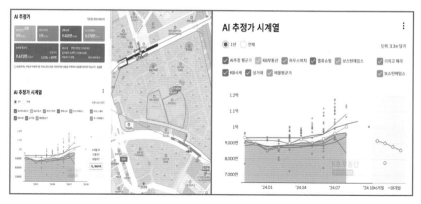

KB부동산 데이터허브(리치고 헤라, 보스턴에임스 등 통합 추정가 제공)　　(출처 : KB부동산 데이터 허브)

　　둘째, 리치고 부동산입니다. 이 플랫폼은 사용자가 아파트부터 토지, 건물, 경매까지 다양한 부동산 유형에 대한 정보를 쉽게 찾고 비교할 수 있도록 돕습니다. 주요 기능으로는 먼저, AI 부동산 검색 기능이 있습니다. 이는 사용자의 검색 조건과 기호에 맞춰 최적의 부동산 매물을 추천해 빠르고 정확하게 검색할 수 있도록 도와줍니다. 또한 부동산 빅데이터를 학습한 인공지능 모델을 활용해 2년 후의 아파트 가격을 예측하는 기능도 갖추고 있습니다. 그리고 지역별·단지별로 투자 점수를 상세히 분석해 확인할 수도 있습니다. 실거래가를 포함한 다양한 부동산 데이터를 기반으로 한 비교도 가능해, 부동산 가치를 신속하게 평가할 수 있습니다.

　　셋째, 부동산지인입니다. 이 플랫폼은 빅데이터를 기반으로 지역의 아파트 가격 변동을 실시간으로 추적하고 예측합니다. 이를 통해 투자자들은 특정 지역을 체계적으로 분석하고, 최적의 아파트를 선택하는 데 필요한 정보를 얻을 수 있습니다. 부동산지인은 단순히 현재의 가격 정보를 제공하는 것을 넘어, 시장의 가격 흐름을 예측해 투자자들이 미래를 준비할 수 있도록 돕습니다. 국토교통부, 한국감정원, 네이버 부동산 등 신뢰성 있는 데이터 출처를 기반으로 서비스를 제공하기 때문에, 사용자들은 부동산 시장에서 더욱 현명한 결정을 내릴 수 있을 것입니다.

리치고 부동산(토지 건물 추정가 제공)   **부동산지인**(부동산 흐름 예측)

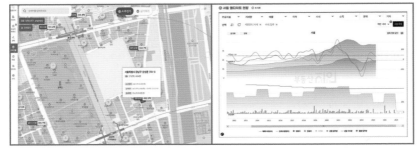

(출처 : 리치고 부동산, 부동산지인)

넷째, 하우스머치입니다. 이 플랫폼은 실시간으로 빅데이터를 수집하고 분석해, 머신러닝 및 공간계량 기법을 통해 모든 주택에 대한 종합적인 정보를 제공합니다. 이 앱을 사용하면 주소를 검색해 해당 주택의 실시간 추정 시세를 확인할 수 있으며, 호 단위로 검색할 수 있고 해당 층, 면적 등 호별 특성이 반영된 정확한 시세 정보를 제공받을 수 있습니다. 또한 부동산 임대계약의 보증금을 입력하면 안전진단 솔루션을 통해 보증금의 안전성도 확인할 수 있습니다.

하우스머치(추정 시세 및 보증금 안전진단)   (출처 : 하우스머치)

　아파트를 좀 더 쉽게 분석하는 방법은 마인드맵을 활용해 관련 사이트를 빠르게 접속하고, 중요한 빅데이터와 AI 추정가 등을 확인해 신속하게 의사 결정을 하는 것입니다.

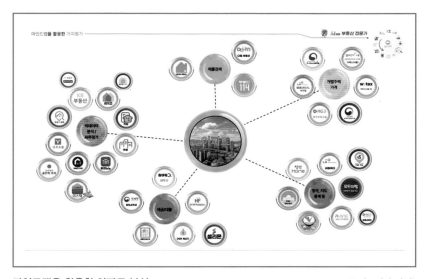

마인드맵을 활용한 아파트 분석   (출처 : 저자 작성)

05 > 토지와 건물의 가치를 평가하는 가장 쉬운 방법

다양한 부동산 관련 앱과 플랫폼은 토지와 건물의 가치를 정확하고 빠르게 제공하고 있습니다. 이들은 AI 추정가, 실거래가, 노후도, 주소 기반 시세 조회 등 다양한 기능을 통해 토지와 건물의 가치를 평가할 수 있습니다. 다음 몇 가지 유용한 앱에 대해 알아보겠습니다.

첫째, 부동산플래닛은 빅데이터를 활용해 전국의 다양한 부동산 유형별 실거래가와 위치 정보를 제공하는 종합 부동산 플랫폼입니다. 이 플랫폼은 실거래가 조회가 가능하며, 이 기능을 통해 아파트, 오피스텔, 상가·점포, 상업용 빌딩, 공장·창고, 토지 등 모든 부동산 유형의 실거래가를 확인할 수 있습니다. 또한, 초기 재개발 구역의 부동산 노후도를 색깔로 구분해 직관적으로 확인할 수 있습니다. 탐색 플러스 기능은 빅데이터 분석 시스템을 통해 실거래가, AI 추정가, 재개발 조건 등의 종합적인 정보를 제공합니다. 마지막으로 매물 등록과 검색, 학군 및 상권 정보, 통계 등 다양한 기능도 제공합니다.

둘째, 공간의 가치는 부동산 대출을 희망하는 고객이 금융기관의 모바일 앱에서 추정가를 확인할 수 있도록 합니다. 이는 감정평가사가 온라인으로 한 번 더 가격을 확정하는 데 도움을 줍니다.

또한, 공간의 가치는 공인중개사를 위한 담보가치 서비스도 제공합니다. 인증받은 공인중개사는 누구나 무료로 공간의 가치 웹 서비스에 가입할 수 있으며, 이를 통해 온라인 대시보드, 채팅, 메모 등의 커뮤니케이션 도구를 활용해 특정 부동산의 담보가치를 안내받을 수 있습니다.

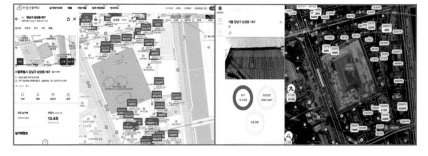

(출처 : 부동산플래닛, 공간의 가치)

셋째, 밸류쇼핑은 원하는 주소를 입력해 해당 지역의 연립주택·다세대주택의 시세를 확인할 수 있습니다. 빅데이터와 인공지능 기술을 활용해 아파트를 포함한 전국 5,000만 건의 부동산 현재 시가를 제공합니다. 또한 회원 가입 시 10회의 무료 토지·건물 조회가 가능합니다.

넷째, 빌라시세닷컴은 원하는 주소를 입력하면 해당 지역의 연립주택·다세대주택의 시세를 하루 3회까지 무료로 확인할 수 있습니다. 또한, 다른 부동산 앱과 비교해 미등록 매물을 확인할 수 있는 기능도 제공합니다.

밸류쇼핑(추정가 16.5~22.4조 원)　　　　　　　**빌라시세닷컴**(1일 3회 무료 조회)

(출처 : 밸류쇼핑, 빌라시세닷컴)

06
건축 가설계를 통해 건축비를 예상하는 방법

건축 가설계와 건축비 예상에 관심이 있다면 랜드북과 하우빌드, 그리고 밸류맵과 디스코를 확인하시기를 바랍니다. 이 서비스들은 부동산 개발에 필요한 다양한 정보와 기능을 제공하며, 토지와 건물 거래를 더 효율적으로 진행할 수 있도록 도와줍니다.

첫째, 랜드북은 중소형 토지의 신축에 필요한 모든 단계를 지원하는 서비스입니다. 이 플랫폼은 빠르게 토지의 가치를 비교하고 분석할 수 있는 AI 건축 분석 기능이 있습니다. 최대 37가지의 건축 설계안을 제공해 수익성을 빠르게 분석할 수 있습니다. 건축 컨설팅 기능은 랜드북의 건축 전문가가 토지에 맞는 설계 도면과 사업 수지표를 작성해 사업의 구체적 방향성을 결정할 수 있도록 도와줍니다. PM 건축 기능은 상품성과 높은 수익률을 가진 설계안을 만들어 완공까지 지원합니다. 또한, 랜드북 지도를 통해 매물을 비교하고 토지를 찾아볼 수 있습니다.

부동산 디벨로퍼를 꿈꾸는 분들, 신축에 대해 전문적인 지식을 얻고 싶은 분들, 또는 가지고 있는 토지에 신축하고 싶은 분들에게 유용한 서비스입니다. 랜드북은 수도권, 5대 광역시, 제주지역에서 서비스를 제공하며, 토지면적은 70~400㎡까지 고려해 주택부터 근린생활시설까지 다양한 토지를 개발할 수 있습니다.

둘째, 하우빌드는 신축 개발에 필요한 모든 단계를 지원하는 플랫폼입니다. 이 앱은 수십 년간 쌓아온 빅데이터를 활용해 공사비를 예측합니다. 수익성 검토부터 공사 진행까지 하우빌드에서 확인할 수 있습니다. 또한, 빅데이터를 기반으로 토지의 가치를 예측하고, 효율적으로 건축할 수 있습니다.

(출처 : 랜드북, 하우빌드)

셋째, 밸류맵은 토지와 건물의 시세를 쉽고 빠르게 알려주는 플랫폼입니다. 또한, 전국의 다양한 매물 정보를 한눈에 파악할 수 있습니다. 그리고 다양한 건축설계를 제공하며, 최대 10개의 설계안을 실시간으로 만들어볼 수 있고, 도면부터 CAD 파일까지 확인할 수 있습니다. 최대 1,000평까지 합산하고, 한 번에 10개의 설계안을 분석할 수 있는 사업성 검토 기능도 있습니다.

넷째, **디스코**는 토지, 빌딩, 상가 거래 시 도움을 주는 앱입니다. 이 플 랫폼은 지도 측정 기능을 통해 토지, 빌딩, 상가의 정확한 평수를 측정 하고 총액과 단가를 확인할 수 있습니다. 또, 필지 단지 펼치기 기능은 필지 정보를 자세히 확인할 수 있어 거래 결정에 유용합니다. 마지막으 로 지역 최고의 부동산 전문가와 만나기 기능을 통해 디스코에서 우리 동네의 공인중개사를 찾아볼 수 있습니다.

밸류맵(AI 건축설계)　　　　　**디스코**(AI 기획설계)

(출처 : 밸류맵, 디스코)

07 ▷ 공시지가와 시가표준액을 적용해서 가치 평가하기

　공시지가는 토지의 적정가격을 의미하며, 공시가격은 단독주택부터 공동주택까지의 적정가격을 나타냅니다. 또한, 시가표준액은 부동산 거래 시 적용되는 공정한 가격을 말합니다. 토지와 주택의 경우 국토교통부 공시지가 알리미에서 조회할 수 있으며, 주택 외의 건축물은 지방세 납부 사이트인 이택스와 위택스를 통해 확인할 수 있습니다.

　공시지가 산정 방법을 이해하기 위해 2024년도의 부동산 가격공시 관련 연차보고서를 살펴보면, '부동산 공시가격 현실화 계획'에 따라 유형별 현실화율 예상 추이를 알 수 있습니다. 2024년 공시에서는 토지의 현실화율이 77.8%, 단독주택은 63.6%, 공동주택은 75.6%를 목표로 했으나, 최근 집값 하락과 어려운 경제 여건 등을 고려해 공시가격 현실화 수정 계획을 통해 이를 2023년도 수준으로 동결했습니다.

　결론적으로 2024년도 토지 현실화율로 토지는 65.4%, 단독주택은 53.4%, 공동주택은 68.9%입니다.

(단위 : %)

시세/연도	2020년	2021년	2022년	2023년	2024년
토지	65.5	68.4	71.4	65.4	65.4
단독주택	53.6	55.8	57.9	53.5	53.4
공동주택	69.0	70.2	71.5	69.0	68.9

부동산 공시가격 현실화율 (출처 : 국토교통부, 2024년도 8월 부동산 가격공시에 관한 연차보고서)

(단위 : %)

시세/연도	합계	주거용	상업용	공업용	농경지	임야
2023년(현실화 계획)	74.7	74.3	75.7	74.9	73.1	72.9
2023년(확정)	65.4	65	66.4	65.8	63.9	63.5
2024년(동결)	65.4	65	66.4	65.8	63.9	63.5

표준지 공시지가 현실화율　　　　(출처 : 국토교통부, 2024년도 표준지공시지가)

＊2024년도 표준지공시지가를 보면 2023년도 수준으로 동결되어 주거용은 65%, 상업용은 66.4%, 공업용은 65.8%, 농경지는 63.9%, 임야는 63.5%임을 알 수 있습니다.

　첫째, 공시지가와 공시가격을 확인하려면 국토교통부의 부동산 공시지가 조회 사이트인 '부동산 공시가격 알리미'와 '한국부동산원' 앱, 그리고 한국토지주택공사의 '씨:리얼(SEE:REAL)'을 이용하면 됩니다. 예를 들어, 토지의 공시지가를 조회하려면 국토교통부 부동산 공시가격 알리미 사이트에서 표준지 공시지가와 개별 공시지가를 선택할 수 있습니다. 자신의 토지가 표준지가 아니라면 개별 공시지가를 선택하면 됩니다.

　공시지가와 공시가격은 부동산의 종류에 따라 명칭이 다르지만, 토지와 주택의 가격은 부동산 공시법에 따라 공시지가나 공시가격을 기준으로 하기 때문에 사실상 같은 의미입니다.

구분	기준	조회 방법
토지	개별 공시지가	국토교통부 공시가격 알리미
단독주택·다가구주택	개별 단독주택 공시가격	
아파트, 연립주택, 빌라	공동주택 공시가격	
비주거용 부동산 (오피스텔 및 상업용 건물, 그 외)	기준시가 = 시가표준액	· 국세 기준시가 : 국세청 홈택스 · 지방세 시가표준액 : 이택스, 위택스 · 전체 조회 : 씨리얼(SEE:REAL)

(출처 : 저자 작성)

둘째, 토지의 개별 공시지가는 국토교통부 장관이 매년 공시하는 표준지공시지가를 기준으로 산정된 개별 토지의 단위 면적당 가격을 의미합니다. 이 가격은 시장, 군수, 구청장 등이 조사한 개별 토지의 특성과 비교해서 결정됩니다. 이러한 개별 공시지가는 양도소득세, 상속세, 종합부동산세, 취득세 등 국세와 지방세를 산정하는 기초 자료로 활용되며, 부동산 거래 시 중요한 참고 자료로 사용됩니다.

토지 개별공시지가 열람   **개별공시지가 흐름 확인**(30년간 21.3배 상승)

(출처 : 국토교통부 - 일사편리)

토지 개별공시지가 산정 시 도로 가중치(안)가 중요한 역할을 합니다. 특히 맹지는 도로와 직접 연결되지 않은 토지로, 개별공시지가가 가장 낮게 설정됩니다. 도로의 폭에 따라 2차로부터 8차로까지 토지의 가치가 달라지며, 일반적으로 도로 폭이 넓을수록 개별공시지가가 높아지며, 주거지역보다 상업지역의 공시지가가 더 높게 설정됩니다.

구분	맹지	1차선 (8m 미만)				2차선 (소로 ~12m)		4차선 (중로 ~25m)		4차선 이상 (대로 25m~)		
		세로 (불)	세각 (불)	세로 (가)	세각 (가)	소로 한면	소로 각지	중로 한면	중로 각지	광대 세각	광대 소각	광대 한면
가중치(배)	1	1.03	1.06	1.14	1.22	1.23	1.28	1.36	1.43	1.54	1.61	1.45

※ 추가 가중치 : 교차로 0.1 ~ 0.3, 상업지구 0.1 ~ 0.2, 학교 인접 0.05 ~ 0.1

도로 접근성별 공시지가에 부여하는 가중치   (출처 : 한국부동산원, 토지가격비준표)

또한, 토지의 면적이 크면 단위 면적당 가치가 높아지고, 용도지역에 따라 상업지역이나 공업지역 등의 토지는 활용 가치가 달라집니다. 또한, 지형이 평탄하고 토질이 좋을수록 토지의 가치가 상승하며, 주변 환경시설의 유무, 교통 편의성, 경관 등도 토지의 가치에 큰 영향을 미칩니다.

셋째, 개별 단독주택의 공시가격은 시장, 군수, 구청장이 표준단독주택가격을 기준으로 해 개별 주택의 가격을 결정하며, 이는 매년 4월 말에 공시됩니다. 이 가격은 각종 세금이나 부담금 등을 부과할 때의 기준이 됩니다.

넷째, 아파트, 연립주택, 빌라 등 공동주택의 공시가격을 조회하려면, 먼저 국토교통부 홈페이지에 접속해 공동주택 공시가격을 선택한 후, 원하는 지역의 주소를 입력해서 검색하면 공시가격을 확인할 수 있습니다. 2024년 주택가격을 확인하려면 현실화율을 적용해 계산할 수 있습니다. 예를 들어, 공시가격 5억 원을 현실화율 68.9%로 나누면 정부가 판단하는 가치인 약 7.25억 원이 됩니다.

다섯째, 비주거용 부동산인 오피스텔 및 상업용 건물의 기준시가와

시가표준액을 조회하려면 국세청 홈택스에 접속해 '기타' 메뉴에서 '기준시가 조회'를 선택한 후, 소재지 정보를 입력하면 건물 기준시가를 확인할 수 있습니다.

국세청 홈택스　　　　　　　　　　**오피스텔 및 상업용 건물**

(출처 : 국세청 홈택스, 오피스텔 및 상업용 건물 조회)

여섯째, 시가표준액을 조회하려면 서울시는 이택스를 이용해 '주택 외 건물 시가표준액 조회'를 하고, 서울 외 지역은 위택스를 이용합니다. 지방세 정보 메뉴에서 '시가표준액 조회 이용 안내'를 클릭한 후, 관할자치단체, 기준연도, 상세 주소를 입력해서 조회합니다.

서울 외 : 위택스 주택 외 건물시가 표준액조회　　　**서울 : 이택스 시가표준액 조회**

(출처 : 서울시 이택스, 행정안전부 위택스)

08 > 농지 및 산지
가치평가하는 방법

첫째, 농지연금이란 농어촌공사와 농지관리기금법에 따라 2011년에 도입된 제도로, 고령 농업인이 소유한 농지를 담보로 매월 일정 금액의 생활자금을 받을 수 있는 연금 제도입니다. 이 연금은 기존에 받는 다른 연금과 중복해서 수령할 수 있습니다.

농지연금에 가입하기 위해서는 몇 가지 요건이 있습니다. 먼저, 가입자는 만 60세 이상이어야 하고, 5년 이상의 영농 경력이 필요합니다. 또한, 농지의 조건으로는 매입 후 2년 이상 보유한 면적이 1,000㎡ 이상의 전, 답, 과수원 등의 지목이어야 하며, 실제 영농에 사용되는 농지여야 합니다. 또한, 가입자의 주소지와 농지까지의 직선거리는 30km 이내여야 합니다. 농지연금 가입 시 농지는 저당권이 설정되지 않은 상태여야 하며, 담보 농지 가치의 15% 이하로 선순위 채권이 설정된 경우에만 가입할 수 있습니다.

농지연금은 안정적인 정부 예산으로 연금을 받을 수 있는 장점이 있습니다. 부부가 종신으로 가입하면 가입자 사망 시 배우자가 연금을 계속 받을 수 있으며, 농지연금을 받으면서 영농이나 임대로 추가 소득을 얻을 수도 있습니다.

농지연금은 공시지가를 기준으로 월 지급액이 계산되며, 개인당 최대 300만 원, 부부가 함께 가입하면 월 600만 원까지 받을 수 있습니다. 지급 방식에는 종신형, 일정 기간 매월 지급하는 기간 정액형, 수시 인출 가능한 수시 인출형 등이 있습니다.

농지연금 지급액을 기준으로 가치를 평가해 싸게 매입하면 높은 수익을 기대할 수 있습니다. 예를 들어, 만 60세가 되어 농지가격 9억 원을 연금으로 계산하면 종신형으로 월 300만 원까지 받을 수 있습니다. 기대수명이 증가하면서 25년 이상 수령 시 높은 수익률을 가져올 수 있는 좋은 예입니다. 수시인출형을 선택하면 공시지가의 30%의 금액을 활용할 수 있습니다. 농지는 공시지가로 계산한 것보다 경매나 급매로 더 저렴하게 구매할 수 있는 경우가 많아, 잠재력이 높은 투자처입니다.

둘째, 농지연금의 가치평가 방법은 크게 2가지로 나눌 수 있습니다. 농지연금을 위한 가치평가를 진행할 때는 주로 다음 2가지 방법 중 하나를 선택해 사용합니다.

매물주소					경매번호		감정가(경매)	450,000,000	(단위: 원, %)
구분	토지 면적		토지 가격		토지 현실화 가격		낙찰금액(%)	씨:리얼(토지/주택)	K-Geo씨앗줍스(토지/주택)
농지 가치평가	면적(㎡)	3,301	공시가격(㎡)	106,100	24년 현실화율(%)	77.8%	200,000,000	서울 이택스	일사편리(토지)
	면적(평)	1,000	공시지가 가격	350,237,000	현실화 가격	450,177,000	44%	지방 위택스	농지은행.연금

● 나이기준 1969년 1월 1일생(만 55세), 만60세 부터 연금수령 30년

공시가격 기준	감정가(경매)	낙찰금액	낙찰률	수시인출금(30%)	투자금	월수령액	투자금회수(년)	30년 연금액	수익률
	450,000,000	200,000,000	44.4%	87,000,000	113,000,000	853,430	11.0	307,234,800	272%

★감정평가 기준	감정가(경매)	감정가 90%	낙찰금액	수시인출금(30%)	투자금	월수령액	투자금회수(년)	30년 연금액	수익률
	450,000,000	405,000,000	200,000,000	101,000,000	99,000,000	987,540	8.4	355,514,400	359%

※ 농지재배 수익 및 직불금, 건강보험료 감면 등 혜택은 별도입니다.

구분	종신형			기간형					
	종신정액형	전후후박형(70%)	수시인출형(30%)	기간정액형		경영이양형		은퇴직불형	
공시 지가기준 월지급금	1,214,030	전	853,430	5년	78세 이상 가능	5년	3,000,000	6년	79세 가능
	(저소득층) 1,469,680	(수시인출금)		10년	73세 이상 가능	10년	3,000,000	7년	78세 가능
	1,335,430	후	87,000,000	15년	68세 이상 가능	15년	2,380,170	8년	77세 가능
	(장기영농인) 1,028,780			20년	63세 이상 가능	20년	1,904,100	9년	76세 가능
	1,274,730							10년	65세~75세 가능
감정평가 기준 월지급금	1,404,800	전	987,540	5년	78세 이상 가능	5년	3,000,000	6년	79세 가능
	(저소득층) 1,700,640	(수시인출금)		10년	73세 이상 가능	10년	3,000,000	7년	78세 가능
	1,545,280	후	101,000,000	15년	68세 이상 가능	15년	2,754,200	8년	77세 가능
	(장기영농인) 1,190,440			20년	63세 이상 가능	20년	2,203,310	9년	76세 가능
	1,475,040							10년	65세~75세 가능

농지연금 가치평가   (출처 : 저자 작성)

먼저, 공시지가를 기준으로 평가합니다. 이 방법은 농지연금의 기준이 되는 농지의 가치를 공시지가의 100%로 산정합니다. 공시지가는 일반적으로 시세 대비 보통 60~70% 수준으로 결정됩니다. 또한, 감정평가를 기준으로 사용하는 방법도 있습니다. 이 방법은 농지연금의 기준이 되는 농지의 가치를 감정평가액의 90%로 산정합니다. 감정평가사가 직접 현장을 방문하고 주변 사례를 검토해서 평가액을 결정합니다.

농지연금의 실제 수령액은 이러한 가치평가 방법을 기반으로 결정됩니다. 농지연금 홈페이지에서 예상 연금을 조회하면 실제로 수령할 수 있는 액수를 확인할 수 있으며, 이는 농지의 가치평가와 함께 연금 수령자의 나이와 기대수명을 고려해 종합적으로 판단해야 합니다.

셋째, 산지 가치평가는 자연환경이나 임산물 생산 등을 종합적으로 고려해 산과 임야의 가치를 평가합니다. 산지정보 다드림은 한국임업

진흥원과 산림청이 제공하는 맞춤형 임업 정보 서비스입니다. 이 서비스를 통해 원하는 지역의 다양한 산림정보를 상세히 조회할 수 있습니다. 주소 검색을 통해 관심 있는 토지의 임상 정보, 토양 정보, 기후 정보를 열람할 수 있으며, 또한 적정 재배 품목 정보와 소득 분석 정보를 제공해서 산지의 추정가를 예측할 수 있습니다.

산림경영 지원정보(재배 적지)   소득액 산정(1.4ha에 두릅 재배 시 1.97억 원)

(출처 : 한국임원진흥원, 산지정보 다드림)

산림경영관리사는 임업인이 소유한 산지에서 산림을 경영하고 관리하기 위한 건축물입니다. 이 건물은 주로 산림작업의 관리, 임산물의 육성, 채취, 보관, 작업 대기 및 휴식을 위한 공간으로 사용됩니다.

산림경영관리사를 설치하기 위해서는 몇 가지 조건을 충족해야 합니다. 먼저, 임업인이어야 하며, 산지 소재지로 주소를 이전해야 합니다. 또한, 산지 관련 법에서 정한 임산물의 육성과 채취 또는 보호 등 산림관리를 목적으로 설치해야 합니다. 또한 최근에는 지역 고유의 산림 자원을 활용해 주민들에게 일자리를 제공하는 주민 주도형 일자리 창출 사례도 있습니다. 예를 들어, 목공예나 산림복지 등을 통해 지역 경제를 활성화하고 수익을 창출하는 방식입니다.

강릉 대관령 자연휴양림(숲속의 집)　　　　**청옥산 자연휴양림**(산림경영관리사 건축물)

느랭이골 자연휴양림(글램핑장)　　　　**산림청 숲속 야영장**(자동차, 반려견 동반)

(출처 : 산림청 자연휴양림, 산림경영관리사)

CHAPTER

04

결혼과 직장 다음으로 중요한 아파트

부동산 투자에서 아파트는 결혼과 직장 다음으로 중요한 요소입니다. CHAPTER 04에서는 아파트 주거의 장점과 미래 투자 가치를 분석하며, 금수저를 만들어주는 대장급 신축 아파트와 분양권의 중요성을 강조합니다. 이외에도 가격 상승의 특징과 아파트 투자에 있어 고수와 하수의 차이를 살펴보며, 효과적인 투자 지역에 대한 심층 분석을 제공합니다. 또한, 수도권 및 지방에서의 아파트 투자 전략과 관련된 다양한 세금 절약 방법도 다룰 것입니다

01 > 아파트의 장점과 미래 투자 가치

아파트는 현대인이 선택할 수 있는 다양한 주거 형태 중 하나로, 그 인기는 날로 증가하고 있습니다. 도시화가 진행됨에 따라 공간의 효율성을 중시하는 사람들이 많아진 결과입니다. 아파트는 편리함과 안전성을 제공하며, 동시에 미래 투자 가치 또한 무시할 수 없는 요소로 작용하고 있습니다. 이러한 장점들이 모여, 아파트는 사람들의 다양한 욕구와 필요를 충족시키는 탁월한 주거 선택지가 되었습니다.

첫째, 편리한 생활 환경이 가장 큰 장점입니다.

아파트는 대개 상업시설, 학교, 공원 등 다양한 편의 시설과 가까운 위치에 있어 주민들에게 생활의 편리함을 제공합니다. 이로 인해 도보나 짧은 이동으로 필요한 모든 것을 쉽게 이용할 수 있습니다.

둘째, 주거 안전성입니다.

많은 아파트 단지는 24시간 보안 시스템과 관리 인력을 갖추고 있어 주민들에게 안정감을 줍니다. 이러한 환경은 특히 어린 자녀를 둔 가족에게 매우 중요한 요소로 작용합니다.

셋째, 유지 관리의 용이성입니다.

아파트에서는 전반적인 시설 관리가 체계적으로 이루어지기 때문에, 주민들은 복잡한 유지보수 문제에 신경을 덜 쓰고 평온한 생활을 누릴 수 있습니다. 관리사무소와 소통해 문제를 신속히 해결할 수 있다는 점도 큰 장점입니다.

넷째, 미래 투자 가치입니다.

아파트는 시간이 지남에 따라 가치가 상승하는 경향이 있습니다. 특정 지역의 개발이나 교통 인프라 확장에 따라 아파트의 가치는 더욱 높아지며, 이는 안정적인 임대 수익으로 이어질 수 있습니다.

다섯째, 사회적 연결망의 구축이 가능합니다.

아파트는 이웃과의 교류를 통해 따뜻한 공동체 의식을 형성할 수 있습니다. 이웃과의 소통은 삶의 질을 향상시키며, 서로 의지할 수 있는 관계를 만들어줍니다.

결론적으로, 아파트는 단순한 거주 공간을 넘어 사람들에게 편리함과 안전성, 관리의 용이성, 뛰어난 투자 가치, 그리고 소중한 커뮤니티를 제공합니다. 이러한 장점들은 아파트가 현대인의 삶에서 중요한 역할을 하게 만들고 있습니다. 아파트 주거의 가치는 우리의 삶을 풍요롭게 하는 데 기여하며, 앞으로도 많은 이들이 그 혜택을 누리게 될 것입니다.

02

금수저를 만들어주는 대장급 신축 아파트와 분양권

대장급 신축 아파트와 분양권에 투자해야 하는 이유

신축 아파트와 분양권 투자의 장점은 여러 가지가 있습니다. 먼저, 신축 아파트는 희소성으로 인해 수요가 많고 인기가 높습니다. 특히 중심 상업지구와 역세권, 그리고 좋은 학군과 공공시설이 인접한 곳에서는 한정된 물량으로 공급되기 때문에 투자 가치가 뛰어납니다. 또한, 아파트 및 분양권은 거래가 활발하고 현금화하기 쉬워 유동성이 높은 편입니다. 입주 후 3년 차까지는 주변 인프라 개발과 편의시설 증가로 인해 시세 하락이 거의 없다는 안전성도 갖추고 있습니다. 특히 분양권은 계약금 10%만으로도 투자할 수 있으며, 신축 아파트는 입주 시점 KB 시세를 기준으로 대출을 받아 무자본 투자도 가능합니다. 또한, 등기 전 가격 상승 시 지분을 배우자에게 증여할 수 있어 양도세 절약에서도 유리합니다.

핵심 입지의 대장급 신축 아파트에 투자하는 이유를 알아보겠습니다. 이러한 아파트는 양극화 시대의 질적 시장에서 인기가 좋아지고 있습니다. 브랜드 가치와 초품아로 인해 투자 가치가 높아지는 경향이 있습니다. 그리고 유동성이 높아 거래가 활발하며, 개발 호재가 생기면 가격에 긍정적인 영향을 미칠 수 있습니다. 토지가격 상승, 건축 비용 상승 그리고 소득 증가 등은 핵심 입지 대장 아파트의 가격에 큰 영향을 미칩니다. 따라서 이러한 아파트는 투자자들에게 안정적이고 지속적인 수익을 가져다줄 수 있습니다. 이처럼 **입지가 좋은 신축 아파트와 분양권은 경제적 자유를 추구하는 이들에게 매우 매력적인 선택지**가 될 것입니다.

구분	서울	경기도	인천	부산	대구	대전	울산	광주
지역	강남	과천	연수구 송도동	해운대 중동	수성구 범어동	유성구 도룡동	남구 옥동	남구 봉선동

주요 도시별 대장지역 현황 　　　　　　　　　　　　　　　　　　　(출처 : 저자 작성)

수익률 극대화를 위해 알아야 할 대출

중도금 대출은 아파트 투자 과정에서 중요한 역할을 합니다. 중도금 대출이란, 분양받은 아파트의 계약금을 낸 후 최종 잔금을 치르기 전 중간에 필요한 자금을 말합니다.

최근 정부는 결혼과 출산율을 높이기 위해 선택적으로 규제를 완화해 분양가의 60~80%까지 중도금 대출이 가능해졌습니다. 또한 개인당 최대 5억 원까지의 중도금 대출 한도도 폐지되었습니다. 중도금 대출은 추후 잔금대출로 대환할 수 있습니다. 이러한 변화된 중도금 대출 조건에 대해 더 자세한 정보는 은행이나 보증사에 문의해 확인할 수 있습니다.

구분	기준	대출 한도	건수
주택도시보증 공사(HUG=주택)	2023. 3. 20 이전	5억 원(수도권, 세종시, 광역시), 3억 원(그 외)	**세대당 최대 2건 가능** (기존 주택구입자금보증 이용 건수 및 HF 중도금 보증 건수 포함) **※ 규제지역 세대당 1건**
	2023. 3. 20 이후	**인당 보증 한도 없음**	
한국주택금융 공사(HF=소득/신용)	조정지역	보증 종류별 한도 5억 원, 수도권·광역시·세종시 외 지역의 경우 3억 원	1건
	비조정지역		2건

(출처 : 주택도시보증공사, 한국주택금융공사(2024년 4월))

여러 아파트에 투자할 때 중도금 대출의 순서는 매우 중요합니다. 특히, 다음 사항을 고려해 대출 순서를 결정하는 것이 필요합니다. 먼저 조정지역에서 중도금 대출을 우선적으로 받고, 이후에 비조정지역의 중도금 대출을 받는 것이 좋습니다. 이를 통해 총 2건의 중도금 대출을 받을 수 있는 장점이 있습니다. 일부 건설사는 자체적으로 중도금을 보증하는 단지를 제공하기도 하므로, 이러한 단지를 찾아 중도금 대출을 이용해 분양권 투자를 진행할 수 있습니다.

분양권을 활용한 투자

분양권을 활용한 투자는 투자자가 단기간 높은 수익을 추구할 때 매우 유리합니다. 하지만 분양권 투자 시 고려해야 할 사항도 있으니 주의해야 합니다.

분양권 계약금과 프리미엄은 권리를 매수할 때 필요한 금액입니다. 이 금액에는 분양가격과 확장비, 그리고 옵션의 10%가 포함됩니다. 특히 자금이 부족하더라도 입지가 좋고 미래 가치가 높은 신축 아파트에 투자해야 합니다. 왜냐하면, 이와 같은 입지는 입주 시점에 KB시세가 많이 상승해 대출 시 유리하고, 무자본 투자도 가능하기 때문입니다.

중도금 대출을 활용해 분양권을 매수한 후, 집단대출을 통해 월세(반전세) 세팅을 할 수 있습니다. 등기 후 2~4년 이후에는 시세차익을 고려해 매도할 수 있습니다. 예를 들어, 계약 시 프리미엄이 3,000만 원인 분양가격 6억 원의 아파트에 투자할 경우, 분양가격과 확장비 등 6억 원의 계약금 10%와 프리미엄 3,000만 원을 더하면 초기 투자금은 약 9,000만 원입니다. 입주 시 프리미엄이 3억 원으로 오르고, KB시세가 9억 원이라면 집단대출 5.4억 원을 받을 수 있어 추가 자금 없이도 소유권이전이 가능합니다. 실제로 6억 원 아파트를 소액 또는 무자본으로 월세나 반전세로 세팅해 투자할 수 있습니다.

구분	아파트	매입	매도	내용
성공한 투자 사례 (신도시 투자)	경기도 JP 아파트 (2019. 11)	2019. 2 / 38평 4.5억 원 분양권 7,000만 (10%+P) 입주 시 반전세	2021. 11 / 11.2억 원 (이자 제외 5.2억 비과세)	· 신도시 초기 분양권가격이 미형성됨 · 매도 시기 입주량 급감, 전세가격이 급등함 · 2년 차 잔금 조건으로 1.8개월에 높은 가격에 (매물 없는 시기) 매도
망한 투자 사례 (지방 지역조합 주택)	충남 SH 아파트 (2020.10)	2015. 9 / 25평 1.5억 원 조합 1억 원 (10%+추가 분담금)	2020. 12 / 잔금 부족 급매 1.7억 원 (6년, -1억 원)	· 분양 시 추가 분담금이 없다고 홍보함(사기) · 사업 기간이 6년 소요 (추가 분담금 및 대출이자 최대 17%) · 입주 시 최악의 입지와 잔금 부족으로 인해 마이너스로 급매 처분

성공한 투자와 망한 투자 사례 ▶ 선택의 중요성   (출처 : 저자 작성)

03

가격이 많이 오르는
아파트의 특징

가격이 많이 오르는 아파트와 지역을 살펴보면 공통된 특징을 알 수 있습니다.

첫째, 입지는 아파트의 가치를 결정하는 핵심 요소입니다. 상권, 교통, 학군, 기타 인프라를 종합적으로 고려해야 합니다. 입지가 우수한 아파트는 장기적으로 가치가 상승할 가능성이 큽니다.

상권의 경우, 백화점, 스타필드, 대형 아웃렛, 대학병원과 같은 시설이 주변에 있으면 생활이 편리해집니다. 교통 측면에서는 수도권 경부선 주변인 강남, 판교, 분당, 수원, 용인, 동탄과 같이 접근성이 뛰어난 지역의 아파트 가치가 높습니다. 특히 지하철 노선이 2개 이상 교차하는 더블역세권이나 지하철역이 도보로 10분 이내에 있는 아파트를 선호합니다. 특히 자녀가 있는 가정에서는 초등학교, 중학교, 고등학교, 국제학교 등 좋은 학군에 인접한 아파트의 인기가 높습니다.

둘째, 브랜드 가치도 프리미엄 형성에 영향을 줍니다. 유명 건설사의 브랜드 아파트는 각 건설사의 특색 있는 자재와 신뢰도를 바탕으로 높은 프리미엄을 형성할 수 있습니다.

셋째, 친환경적 요소도 점차 중요해지고 있습니다. 산책로, 공원, 호수 등 자연 친화적 환경이 조성된 아파트는 프리미엄이 상승할 수 있습니다.

넷째, 조망권은 프리미엄 형성에 중요한 역할을 합니다. 도심권에서 강이나 산, 공원, 호수를 볼 수 있는 아파트는 더욱 높은 프리미엄을 형성합니다.

마지막으로, 로얄동이나 로얄층도 프리미엄 형성에 영향을 줍니다. 조망권과 일조권이 우수하고, 소음이 적으며 편의시설 이용이 편리한 로얄동과 로얄층은 높은 프리미엄을 누릴 수 있습니다.

분양가격 대비 상승률이 높은 아파트 사례를 분석해보면, 이러한 프리미엄 결정 요소들을 바탕으로 공통점과 성공 요인을 알 수 있습니다.

첫째, 서울 강남구의 개포자이 프레지던스는 총 3,375세대의 대규모 단지로, 고속 터미널과 학원가가 근접해 있어 교통과 교육 환경이 매우 우수합니다. 특히 '초품아(초등학교를 품은 아파트)' 단지로 주목받고 있으며, 대규모 커뮤니티시설을 3개 동으로 나누어 제공하고 있습니다.

둘째, 인천의 송도 더샵 파크애비뉴는 668세대 규모의 단지로, 인천 대입구역과 센트럴파크역에 위치해 교통이 매우 편리하며, 송도의 중심 상권에 자리 잡아 생활 편의성이 높습니다. 이 단지 역시 초품아 단지로 교육 환경이 우수하며, 향후 GTX 송도역 개발로 인해 더욱 발전이 기대되는 지역입니다.

셋째, 화성시의 동탄역 시범더샵센트럴시티는 884세대 규모의 단지로, 동탄2신도시의 중심 상권에 있고 GTX와 고속도로 지중화 등 우수한 교통인프라를 갖추고 있어 서울 및 주변지역으로의 이동이 매우 편리합니다.

넷째, 세종시의 나릿재1~2단지 리더스포레는 845세대 규모의 단지로, 세종시의 중심 상권에 위치해 생활 편의성이 높고, 초품아 단지로 교육 환경도 우수합니다. 특히 세종시의 높은 학구열로 인해 대장지역으로 꼽히고 있습니다.

마지막으로, 부산의 해운대 엘시티는 882세대 규모의 주상복합 아파트로, 2019년 11월에 준공되었습니다. 84층 높이의 초고층 건물로 부산의 랜드마크타워로 자리 잡았으며, 해운대 해수욕장과 가까워 아름다운 해운대 조망을 자랑합니다. 주변에 다양한 상업시설과 문화시설이 갖춰져 있어 생활이 매우 편리하며, 부산에서 가장 비싼 아파트로 꼽히고 있으며, 지속적인 시세 상승이 이루어지고 있습니다.

결론적으로 이들 아파트의 공통점을 살펴보면, 우수한 입지 조건, 편리한 교통, 좋은 교육 환경, 충분한 생활 인프라 등을 갖추고 있음을 알 수 있습니다. 이는 '누구나 살고 싶은 아파트'의 조건을 잘 보여주는 사례들이며, 이는 분양가격 대비 가치가 기존의 주택과 양극화되어 매우 높게 상승하는 것을 알 수 있습니다.

따라서 부동산 투자 시 이러한 요소들을 꼼꼼히 살펴보고 판단하는 것이 중요합니다. 단순히 가격만을 고려하는 것이 아니라, 아파트의 전반적인 가치와 잠재력을 종합적으로 평가해 투자 결정을 내려야 합니다. 이러한 접근 방식은 장기적으로 안정적이고 수익성 높은 부동산 투자로 이어질 수 있을 것입니다.

강남 개포자이프레지던스

송도 더샵파크애비뉴

화성 동탄역 시범더샵센트럴시티

세종 나릿재1~2단지리더스포레

부산 해운대 엘시티

(출처 : 네이버 부동산, 건설사 홈페이지)

아파트 투자 시
고수와 하수의 특징

먼저 아파트 투자 시 성공을 거두는 **고수들의 투자 특징**에 대해 알아
보겠습니다.

첫째, 입지 선택을 가장 중요하게 생각합니다. 많은 사람이 인정하는
좋은 입지는 안정적인 수요와 함께 가격 상승의 가능성이 큰 곳으로 지
역 중심 상권, 역세권을 포함한 대중교통이 편리한 지역, 고급 일자리가
있고 도시 확장 가능성이 큰 지역입니다.

둘째, 분양권 투자를 적극적으로 활용합니다. 분양권 상태에서 최대한
빠르게 매수하는 것이 중요합니다. 특히 관심이 적어 가격이 저렴하거나
갭 메우기가 진행되기 전에 매수하는 것이 유리합니다. 이렇게 하면 초기
투자 비용을 줄이고, 향후 가격 상승의 혜택을 누릴 수 있습니다.

셋째, 집단잔금대출을 최대한 활용합니다. 집단잔금대출을 통해 반전
세나 월세로 투자금을 최소화하고 월세를 받아 이자를 납부합니다. 거치
기간을 최대한으로 설정해 상환 부담을 최소화하는 것도 중요한 전략입
니다.

넷째, 단기 매도를 고려합니다. 투자한 아파트를 2~5년 후에 매도해

단기 매매차익을 실현합니다. 2년이 되기 전 매도 물량이 없을 때 높은 가격에 매도 계약하고, 비과세가 되는 시점에 잔금을 받아 비과세 혜택을 받을 수도 있습니다. 또한 3~5년 차에 입주 물량을 고려해서 가격이 높을 때 매도하는 방법도 있습니다.

다섯째, 신축 아파트는 갭 투자를 활용합니다. 많은 사람이 인정하는 좋은 입지의 1~2년 차 아파트를 전세를 안고 매수해 전세가격이 오르면 재계약을 통해 투자금을 회수합니다. 이후 2~3년 후 적절한 시기에 매도해 차익을 실현합니다.

철저한 계획과 분석, 그리고 시장의 흐름을 읽는 능력이 고수들의 성공 비결입니다. 이러한 전략들을 통해 투자 수익을 극대화하세요.

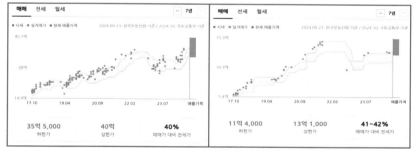

(출처 : 네이버 부동산 - 시세/실거래가)

아파트 투자 시 실수하기 쉬운 **하수들의 투자 특징**을 알아보겠습니다.

첫째, 자금 부족을 이유로 투자를 포기하는 경향이 있습니다. 많은 사람이 돈이 없어서 투자를 못 한다고 생각하는데, 이는 잘못된 인식입니다. 대출은 입주 시기 KB부동산 가격을 기준으로 이루어지며, 가격이 많이 오른 아파트는 대출을 통해 잔금을 납부할 수 있습니다.

둘째, 투자처를 먼저 정하지 않고, 자신의 자금에 맞춰 투자처를 찾는 경향이 있습니다. 이는 적절한 투자처를 찾지 못하게 만들고 성공적인 투자를 방해합니다.

셋째, 저가를 선호하는 것도 흔한 실수입니다. 값이 싼 것을 선호하는 등 합리적인 투자 판단이 부족한 경우가 많습니다. 저가 지역주택조합 아파트, 나홀로 아파트, 공업단지 주변 아파트 등은 사업성이 없을 가능성이 큽니다. 따라서 단순히 가격이 싸다는 이유만으로 투자하는 것은 위험합니다.

넷째, 가치 투자에 대한 오해가 있을 수 있습니다. 실수요자들이 찾지 않는 물건이라도 '오래 보유하면 언젠가 오를 것'이라고 믿는 잘못된 투자 관념을 가지고 있습니다. 그러나 이는 투자 실패로 이어질 수 있습니다. 가치 투자는 철저한 분석과 시장 조사가 필요합니다.

다섯째, 자신이 사는 지역의 부동산에만 관심을 가지는 경향이 있습니다. 이는 투자 범위를 제한하게 만들고, 다양한 투자 기회를 놓치게 됩니다. 한 지역에 편중하지 않고 넓은 시야로 시장을 바라보는 것이 필요합니다.

여섯째, 부동산 시장의 질적 요소에 대한 이해 부족도 문제입니다. 신축 아파트 프리미엄, 전세 매매 갭 등 시장의 질적 요소를 잘 이해하지 못하면 잘못된 판단을 할 수 있습니다. 돈은 많아지고 인구는 감소하는 초양극화 시대를 이해하고 시장을 분석해야 합니다.

일곱 번째, 이미 오른 물건에만 관심을 가지거나, 저평가된 물건에만 관심을 가지는 것도 문제입니다. 이는 시장 상황을 정확히 판단하지 못하는 것입니다. 지역별 아파트 서열을 이해하고 시장 상황을 종합적으로 분석하는 능력이 필요합니다.

여덟 번째, 정부 정책을 무시하거나 비난하며 부동산 공부를 중단하는 경향도 있습니다. 정부 정책을 잘 이해하고 그에 맞춰 대응하는 것이 중요합니다.

아홉 번째, 부동산 공부만 하고 실제 투자는 하지 않는 경우도 많습니다. 아무리 공부를 많이 해도 실제로 투자를 하지 않으면 의미가 없습니다.

열 번째, 매수 또는 청약 시 충분히 분석하지 않고, 투자를 잘못하면 큰 후회를 합니다. 계약금을 잃거나 추가 분담금, 이자비용 등의 손실이 있을 수 있으므로 처음부터 철저한 분석을 해야 합니다.

열한 번째, 부동산은 주식과 달리 손절매가 없다고 생각하는 경향이 있습니다. 손실이 발생할 수 있다는 점을 인지하고, 필요시 손절매를 할 수 있는 유연한 사고가 필요합니다.

열두 번째, 대출에 대한 선입견도 문제입니다. 대출을 과도하게 두려워하며, 받은 대출도 빨리 갚아야 한다고 생각합니다. 하지만 대출을 적절히 활용하는 것이 중요합니다.

마지막으로, 계산해보지도 않고 **부동산 관련 세금을 과도하게 두려워하는 경우가 많습니다.** 1세대 1주택 및 일시적 1세대 2주택은 12억 원 이하 비과세라는 점을 이해하고, 정확한 세금 계산을 통해 불필요한 두려움을 없애야 합니다.

이러한 특징들을 이해하고 개선해 나간다면, 초보 투자자도 성공적인 부동산 투자를 할 수 있을 것입니다.

다음은 아파트 투자 시 주의해야 할 유형들에 대해서 알아보겠습니다.

첫째, 일부 지역주택조합은 사업 부지를 제대로 확보하지 않고 조합원을 모집하는 경우가 많습니다. 이때 사업이 지연되거나 취소될 수 있으며, 허위 광고를 통해 조합원을 모집하고 추가 분담금으로 사업을 진행하는 사례도 적지 않으므로 주의가 필요합니다. 또한 초등학교, 중학교가 없는 아파트는 교육이 제한되어 임대 수요가 낮을 가능성이 큽니다. 특히 주변 신축 기준으로 4,000세대 이상이 입주해야 초등학교가 지어지기 때문에 자녀가 있는 가정은 신중히 고려해야 합니다.

둘째, 상업지구와 거리가 먼 아파트는 편의시설 접근성이 떨어져 실거주 및 임대 수요가 줄어들 수 있습니다.

셋째, 교통 편의성이 낮은 아파트는 입주자들에게 불편을 줄 수 있습니다. 대중교통과 주변 도로 상태 등을 고려해 임대료 수준을 결정해야 합니다.

넷째, 홍수, 산사태, 산불 등 자연재해 위험이 있는 지역의 아파트는 투자 수익이 제한될 수 있어 이러한 위험 요소를 사전에 확인하는 것이 중요합니다.

다섯째, 주차 공간이 부족한 아파트는 특히 차량을 많이 가지고 있는 가정에서는 큰 문제가 될 수 있습니다. 아파트 주변에 충분한 주차시설이 없다면 잠재적 임차인들이 다른 곳으로 이사 갈 확률도 높아 임대료 수익에도 부정적인 영향을 줄 수 있습니다.

여섯째, 노후화된 아파트 중 재건축이 어려운 경우에도 주의해야 합니다. 시설이 노후화된 아파트는 관리비가 더 들며, 베드타운처럼 재건축이 어려운 경우 아파트 가격이 하락해 손해를 볼 수 있습니다. 예로 일본의 쇠락한 베드타운이 대표적입니다.

일곱 번째, 주변 소음이 심한 아파트는 모두에게 불편을 줄 수 있어 임대 수요와 임대료 수익에 부정적인 영향을 미칠 수 있습니다.

여덟 번째, 소형으로만 구성된 아파트는 임대료 수익을 떨어뜨릴 수 있습니다. 임대료 수익을 고려할 때 아파트 크기와 임대료 수준을 균형 있게 고려해야 합니다.

아홉 번째, 관리 상태가 미흡한 아파트도 문제가 됩니다. 관리가 미흡한 아파트는 입주자들에게 불만을 초래할 수 있습니다.

마지막으로, 공장지역 주변과 같이 대기 오염에 취약한 아파트 역시 주의해야 합니다.

 투자 tip

아파트 투자 방법과 고려 사항

1. **목표 설정 :** 먼저 투자 목표를 설정하세요. 단기 투자는 빠른 시세 상승을 목표로 하고, 중·장기적인 투자는 임대수익과 자산 가치 상승을 목표로 합니다.
2. **지역 선택 :** 투자 지역을 선택할 때는 개발 예정지역, 교통이 편리한 지역, 인구 유입이 활발한 지역 등을 고려하세요. 각 지역의 시세 변동, 인프라 개발계획, 주변 환경을 꼼꼼히 분석해 최적의 지역을 선택하세요.
3. **입지 선택 :** 중심 상업지구나 역세권, 그리고 좋은 학군이나 공공시설(시청, 법원 등)이 인접한 곳이 좋은 입지입니다. 부의 양극화를 고려해 선택하세요.
4. **아파트 선택 :** 시세 상승 가능성이 큰 신축 아파트를 선호하세요. 초기 가격이 비싸더라도 장기적으로 가치가 오를 가능성을 고려해야 합니다. 또한, 희소성이 높은 고급 아파트나 대형 아파트는 수요 대비 공급 부족으로 인해 가치가 상승할 수 있습니다. 지역 발전 계획, 중심 상권과 근접한 지역, 교통 편리성 등을 고려해 미래 가치 상승 가능성이 있는 아파트를 선택하세요.
5. **경제 및 아파트 사이클 고려 :** 경제 위기 시 또는 지역적으로 공급이 많아서 시세가 하락할 때, 급매로 매수해서 시세가 오르면 매도하는 것이 중요합니다.
6. **양도세 절세 :** 1세대 1주택 또는 일시적 1세대 2주택을 소유한 경우, 비과세 혜택을 활용해 양도세를 절감할 수 있습니다.

05 | 서울은 어디에 투자해야 하나

서울에 투자할 때는 어느 지역을 선택해야 할지 고민이 될 수 있습니다. 이를 판단하기 위해서는 몇 가지 중요한 계획을 알아야 합니다. 서울은 다양한 입지와 발전 가능성을 가진 지역에 투자해야 합니다.

첫째, 서울의 신규 아파트 공급이 점차 감소하고 있어 핵심 입지의 신축 아파트는 가치가 점점 더 상승하고 있습니다. 이는 장·단기적인 관점에서 투자 가치가 높습니다.

둘째, 서울은 다핵화와 자치구로 성장하고 있는 곳을 고려해야 합니다. 특히, 3도심과 차상위 자치구들의 성장세가 두드러지고 있어, 이러한 지역의 공간구조 변화를 확인하고 이에 맞는 투자 전략을 세우는 것이 필요합니다.

셋째, 서울의 3도심, 7광역, 12지역 중심은 글로벌 도시 경쟁력을 강화하기 위해 정책적으로 발전시키고 있습니다. 특히, 지구 중심과 역세권은 시민의 삶의 질을 높이기 위해 다양한 지원 방안을 마련하고 있습니다. 이러한 정책으로 해당 지역의 부동산 가치가 더욱 상승하고 있습니다.

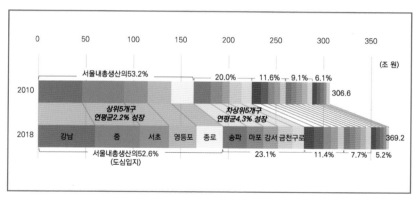

자치구별 GRDP의 추이 (출처 : 2040 서울도시기본계획)

넷째, 서울은 자율주행차 시범운행지구 운영, 도심항공교통 기반 구축, 3차원 물류 네트워크 구축 등 다양한 기술을 발전시키고 있습니다. 이러한 기술적 발전은 서울을 세계적인 도시 중 하나로 만들고 있습니다.

다섯째, 서울의 성장 잠재력을 극대화하고 경제 성장을 도약시키기 위해서 중심지와 산업거점을 연계해 발전시키고 있습니다. 이러한 산업거점을 알아보면, 홍릉(바이오·의료), 마곡(연구·개발), G밸리(IoT), DMC(문화콘텐츠), 양재·개포(연구·개발, AI, 빅데이터), 마포·여의도(블록체인, 핀테크)의 6대 융복합 산업거점과 양호한 광역 접근성을 가진 광운대, 구로, 김포공항, 수서·문정 등을 신성장 산업거점으로 지정했습니다.

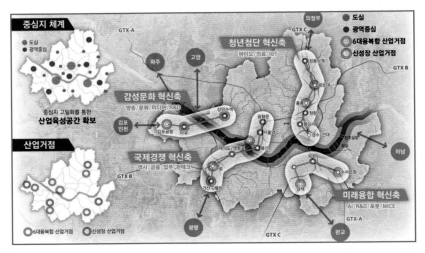

4대 혁신 축 : 중심지와 산업거점 연계   (출처 : 2040 서울도시기본계획)

   여섯째, 도심권에서는 서울역과 용산 국제 업무 및 문화 중심지로 재
生하고 개발하며, 영등포와 경인로 지역을 도심의 중심으로 발전시키
는 등 권역별 지역 특성을 고려한 발전을 진행하고 있습니다.

   다음은 서울의 권역별 발전 방향과 계획과제에 관한 내용입니다.

   도심권에서는 서울역과 용산지역을 국제 업무 및 문화 중심지로 개
발하고 있으며, 특히 광화문광장을 조성해 시민들이 활기찬 문화공간
을 즐길 수 있도록 추진하고 있습니다.

권역생활권 구분	도심권
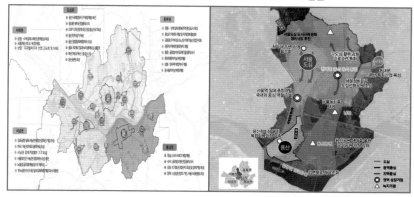	

(출처 : 2040 서울도시기본계획)

　　서북권에서는 영등포와 경인로지역을 도심의 중심으로 발전시키고
재생하는 한편, 홍릉지역은 연구 및 기술 중심으로 성장하고 있습니다.
　　동북권에서는 장안평을 경제 거점으로 재생해 지역 내 경제 활성화
를 촉진하고 있습니다.

서북권	동북권
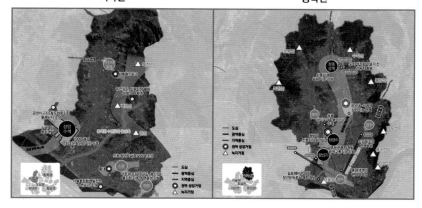	

(출처 : 2040 서울도시기본계획)

또한 **서남권에서는** 서울대학교 주변지역을 교육 및 연구 중심으로 발전시키는 한편, 강남지역과의 효율적인 연결을 통해 교통 및 생활 편의성을 높이고 있습니다. 마지막으로 **동남권에서는** 광진구와 송파구를 문화와 산업 중심으로 발전시키고, 주거 환경을 개선하는 방향으로 다양한 재생 프로젝트를 추진하고 있습니다.

서남권	동남권

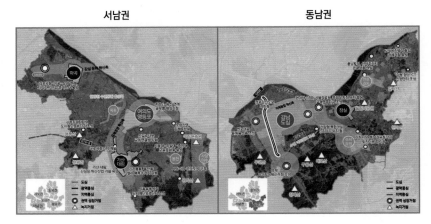

(출처 : 2040 서울도시기본계획)

06 > 신도시는 어디에 투자해야 하나

신도시는 서울 접근성이 가장 중요하며 교통계획과 도시 규모도 고려해야 합니다. 각 도시의 가치와 미래 발전 가능성을 평가해 투자해야 합니다.

1기 신도시는 1980년대 후반에 부동산 가격 폭등과 주택난 심화 문제를 해결하기 위해 서울 근교 20km 이내의 지역에 조성되었습니다. 이 지역은 서울과 근접해 있어 교통이 편리하고 주거 환경이 좋습니다.

구분	합계	분당	일산	평촌	산본	중동
서울과 거리(km)	–	남동 25km	북서 20km	남 20km	남 25km	서 20km
부지면적(㎢)	50.1	19.6	15.7	5.1	4.2	5.5
주택건설(천호)	**292**	**97.6**	**69**	**42**	**42**	**41.4**
개발 기간	–	1989~ 1996	1990~ 1995	1989~ 1995	1989~ 1995	1990~ 1996
인구 밀도(인/ha)	233	199	175	329	399	304
녹지율	19	19.4	23.5	15.7	15.4	10.7

신도시의 탄생(1기)   (출처 : 3기 신도시)

2기 신도시는 1995년 이후, 난개발 문제와 IMF 이후 주택 공급 부족으로 가격이 급등함에 따라 조성되었습니다. 이 지역은 주택시장의 안정화와 함께 체계적인 도시계획이 이루어져 있어 투자자들에게 안정적인 기대 수익이 가능합니다.

구분	합계 (수도권)	성남 판교	위례	동탄1	동탄2	광교	김포 한강 (장기)	파주 운정	양주 (옥정· 회천)	고덕 국제화	인천 검단	아산 (탕정· 배방)	대전 도안
서울과 거리(km)	–	22	8	40	45	30	30	8	30	60	26	96	140
부지면적 (㎢)	139.0 (124.1)	8.9	6.8	9.0	24.0	11.3	11.7	16.6	11.2	13.4	11.2	8.8	6.1
주택건설 (천 호)	666 (608.2)	29.3	44.8	41.5	116.5	31.3	61.3	88.2	63.4	57.2	74.7	33.3	24.5
개발 기간	2001~ 2023	2003~ 2017	2008~ 2020	2001~ 2018	2008~ 2021	2005~ 2019	2002~ 2017	2003~ 2023	2007~ 2018	2008~ 2020	2009~ 2023	2004~ 2018	2003~ 2012
인구 밀도 (인/ha)	123 (126)	98	163	139	119	69	142	130	146	104	164	101	112
녹지율	30.3 (31.0)	37.5	26.3	28.0	31.3	43.8	31.0	27.3	29.3	25.6	29.4	26.1	27.7

도시의 재등장(2기)   (출처 : 3기 신도시)

3기 신도시는 코로나 이후 주택가격의 폭등으로 급하게 추진된 수도권 신도시로, 주거 안정화를 목적으로 하고 있습니다. 이 지역은 미래의 주거 수요를 충족시키기 위해 중요한 역할을 할 것이며, 높은 수익도 안겨줄 것입니다.

지구 명	합계 (수도권)	남양주		하남 교산	인천 계양	고양 창릉	부천 대장
		왕숙	왕숙2				
부지면적(㎢)	34.18	10.29	2.39	6.86	3.33	7.89	3.42
주택건설(천 호)	169	52	13	33	17	35	19

완전히 새로운 신도시(3기)   (출처 : 3기 신도시)

　투자자는 단순히 위치나 가격뿐만 아니라 각 신도시의 전략적 가치, 즉 서울 접근성, 고급 일자리, 도시 인구, 개발 규모, 녹지 비율 등을 고려해 투자 결정을 내려야 합니다. 이러한 요소들이 모여 더 성공적인 투자를 할 수 있습니다. 특히 신도시는 쾌적한 생활 환경과 빠른 인프라 개발이 진행되는 장점이 있습니다.

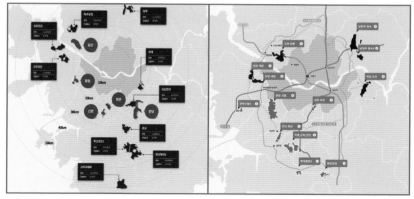

완전히 새로운 신도시(3기)   (출처 : 3기 신도시)

07 인천 경제자유구역은 어디에 투자해야 하나

인천 경제자유구역(IFEZ)은 세계로 통하는 도시이며 물류, 의료, 교육, 첨단산업 등을 누릴 수 있는 곳입니다. 인천 경제자유구역은 송도국제도시, 영종도, 청라국제도시를 잇는 3각 축형 경제자유구역으로 계획되었습니다. 연면적은 169.5㎢에 달합니다. **도시 규모와 고급 일자리 등을 고려해 투자 가치로 보면 송도, 청라, 영종 순으로 판단됩니다.**

송도국제도시는 IT·BT 분야의 첨단 지식과 서비스산업을 글로벌 거점으로 발전하고 있습니다. 다양한 국제기구와 해외 명문대학들이 송도에 집중되어 클러스터를 형성하고 있으며, 고부가가치 MICE(회의, 전시, 이벤트, 인센티브) 산업에도 주목받고 있습니다. 송도의 주요 개발계획은 국제업무단지, 지식정보산업단지, 바이오단지, 첨단산업 클러스터, 송도 랜드마크시티, 인천 신항 등으로 구성되어 있습니다. 면적은 53.36㎢이며, 사업비용은 21조 5,442억 원으로 예상되며, 2003~2030년까지 계획되었습니다. 계획인구는 265,611명(104,112세대)으로, 송도는 미래 지속적인 발전을 위한 다양한 프로젝트를 추진하고 있습니다.

| 인천경제자유구역 | 송도국제도시 |

IFEZ 개발 개요, 송도국제도시   (출처 : 인천 경제자유구역청)

영종국제도시는 인천 경제자유구역 중 하나로, '한국판 라스베이거스' 로 불리는 복합 레저관광 도시로 성장하고 있습니다. 면적은 51.18㎢이 며, 외국인 전용 카지노, 호텔, 컨벤션, 쇼핑몰의 복합리조트와 마리나 를 연계한 개발이 진행 중입니다. 영종의 사업비는 총 13.3조 원이며, 2003~2027년까지 계획되었고, 계획인구는 179,982명(69,815세대)입니 다. 인천 항만과 물류, 관광 산업의 중심지로 발전 중이며, 대규모 투자 로 인한 활기찬 성장이 기대됩니다.

청라국제도시는 금융과 레저 기능으로 주목받는 신개념 비즈니스타 운으로, 국제업무단지, 인천항 국제화 지원사업, 로봇랜드, 하나금융타 운, 스타필드 청라 등 다양한 개발 사업이 진행 중입니다. 청라의 면적 은 약 17.8㎢이며, 주거, 상업, 업무, 산업 등으로 구성되어 있습니다. 총사업비는 6.6조 원이며, 2003~2024년까지 계획되었고, 계획인구는 98,060명입니다. 최근에는 청라 의료복합타운 개발 사업도 본격적으로 추진 중이며, 다양한 사업들이 청라의 발전과 성장을 이끌고 있습니다.

영종국제도시 **청라국제도시**

IFEZ 개발 개요, 영종국제도시, 청라국제도시　　　　(출처 : 인천 경제자유구역청)

 투자 tip

국제도시와 신도시 투자 시 고려 사항

1. **입지와 교통을 먼저 고려하세요.** 아파트 브랜드보다는 좋은 입지와 교통이 더 중요합니다. 대단지 아파트의 큰 평수에 투자하는 것이 좋습니다.

2. **역세권과 교통(GTX, 전철, BRT 등)을 고려하세요.** 역세권 반경 500m 이내 단지는 복합개발이 가능하고, 교통 편의성이 좋으며 주변 발전 가능성이 큽니다.

3. **시범단지의 분양가격이 저렴합니다.** 특히 신도시나 택지지구 시범단지 분양 가격이 가장 저렴하며, 도시가 완성되면서 분양하는 아파트의 분양가격은 계속 상승합니다.

4. **상상력을 발휘하세요.** 첫 새 아파트는 비교군이 없어 개발계획을 보고 상상력을 발휘하세요. '여긴 얼마니까, 저긴 얼마'로는 가치를 판단하기 어렵습니다.

5. **주변 환경과 생활 편의시설을 고려하세요.** 중심 상권 옆 초품아 아파트가 이상적입니다. 주변에는 상점, 의료시설, 교육기관 등이 있고, 생활 편의시설이 잘 갖춰진 지역을 선택하세요.

08 > 수도권의 교통 인프라와 핵심 역세권의 미래

수도권은 전체 국토의 12%를 차지하며 총인구의 50.3%, 청년인구의 55.0%, 일자리의 50.5%, 1,000대 기업의 86.9%가 집중되어 있습니다. 따라서 수도권은 고급 일자리가 많은 지역입니다. 또한 역세권 신축 아파트를 선택하는 것이 좋습니다. 특히 서울과의 교통이 편리한 지역, 그리고 GTX와 지하철, 철도, 복합환승센터 등이 투자의 핵심 요소입니다. 수도권 내 도시들의 서열을 판단하고 싶다면, 신도시와 기존 도시의 장단점 및 서울 접근성을 종합적으로 고려하면 됩니다.

수도권 주요 환승센터 20곳 건설은 중요한 교통인프라 개발계획입니다. 서울역, 삼성역, 청량리역을 주축으로 환승센터 20곳도 빠르게 건설하는 것을 목표로 하고 있습니다. 이러한 환승센터는 금정, 대곡, 덕정, 동탄, 부천종합운동장, 부평, 삼성, 서울, 수원, 양재, 여의도, 용인, 운정, 의정부, 인천대입구, 인천시청, 창동, 청량리, 킨텍스입니다. **이는 수도권의 중요한 교통인프라로서 5년 안에 우선 진행되는 지역과 더블 역세권에 관심**을 가져야 합니다.

수도권 광역철도 미래 노선도

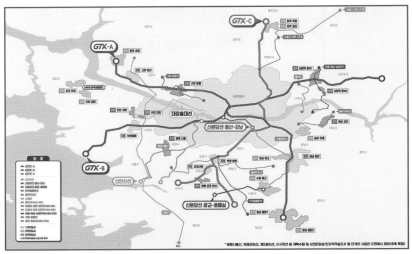

GTX-G, H, C 플러스 연장 노선도(건의)

(출처 : 국토교통부, 수도권 광역철도 미래 노선도, 경기도 뉴스포털)

09 역세권이 포함된 신도시 투자는 안전하고 큰 수익을 준다

역세권이 포함된 신도시에 투자하려고 할 때에는, 국토개발계획에 포함되어 있고 사업성이 우수한 곳에 우선적으로 투자해야 합니다. 여기서 몇 가지 중요한 사항을 알아보겠습니다.

지하철 노선 개발계획이 있는 곳이 좋은 투자처입니다. 새로운 지하철 노선이 개발되는 지역은 개발 가능성이 크며, 그로 인해 교통 접근성이 높아지고 주변 부동산 가치가 빠르게 상승할 수 있습니다. 특히 GTX-A 노선의 개통은 수서역과 동탄역의 아파트 가격을 크게 상승시켰습니다. 이런 역들은 서울과 수도권에서 중요한 교통 허브 역할을 하고 있습니다.

또한 GTX-A 노선은 수서, 성남, 용인, 동탄을 연결해 이 지역들의 부동산 가치 상승에 기여했습니다. 특히 동탄은 접근성 혜택을 가장 많이 받아, 신도시로서의 입지를 강화하고 있습니다. 이 지역들은 교통 접근성이 우수하고 주거 환경이 좋아 부동산 가치 투자에 매우 적합합니다. 따라서 GTX-A 노선 개통으로 인해 이러한 지역들의 부동산 가치가 상승하고 있으며, 앞으로 더 많은 투자 기회가 예상됩니다.

지하철 노선 개발과 같은 교통인프라 투자는 장기적인 관점에서 부동산 가치가 크게 상승할 수 있습니다.

정부가 추진하는 신도시 투자에 관한 몇 가지 전략과 사례를 알아보겠습니다.

신도시란 330만㎡(100만 평) **이상의 규모**로 자족성, 쾌적성, 편리성, 안전성 등에 중점을 두는 국책사업으로 추진하는 도시입니다.

성공적으로 발전한 신도시 순서대로 나열해보겠습니다.

강남은 개발 이전에는 허허벌판이었지만, 서울의 급속한 확장과 인구 유입을 분산시키기 위해 개발된 신도시입니다. 현재 대한민국 부동산의 중심으로 자리 잡고 있으며, '강남 접근성'은 부동산 가치를 높이는 기준이 되었습니다. '준강남'과 '강남 생활권'이라는 신조어가 생겨날 정도로 성장하고 확장되었습니다.

분당은 1980년대 폭등하는 집값과 낮은 주택보급률을 해소하기 위해 만들어진 1기 신도시입니다. 강남과 가까운 입지적 장점과 쾌적한 주거 환경으로 수도권 대표 주거지역으로 발돋움했습니다. 현재도 수도권 거주자들이 가장 살고 싶어 하는 신도시 중 하나입니다.

판교는 탄탄한 교통망과 자족 기능을 바탕으로 가장 성공적인 신도시 개발 사례로 평가받고 있습니다. 택지를 조성하면서 자족 용지로 개발된 판교테크노밸리 내 기업을 적극적으로 유치했습니다. 현재 SK케미칼, 포스코 ICT, NHN 등 국내 대기업들과 1,300여 개의 기업이 입주하고 있습니다.

과천은 강남 접근성을 갖추었고, 이미 어느 정도 교통망도 갖춰져 있는 지리적 장점을 가지고 있습니다. 〈한국경제신문〉의 설문조사에서도 과천은 유망한 투자 지역으로 꼽혔습니다.

하남은 3기 신도시로 지정된 교산지구가 개발되면, 수요자들의 선호도가 높아질 것으로 예상됩니다.

　　이러한 신도시들은 주변 지역까지 도시의 범위를 확장시키고 주변 지역 전체를 살리는 데 큰 역할을 하고 있습니다. 신도시 투자는 단순히 단기적인 이익을 추구하는 것이 아닌, 중장기적인 가치를 고려해야 합니다. 이를 위해 지역 분석과 수요 예측은 매우 중요합니다.

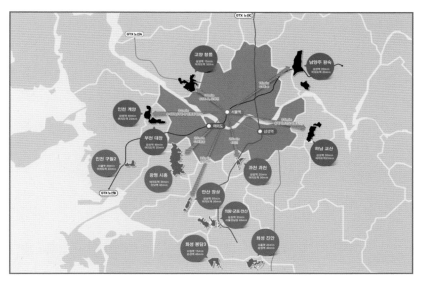

교통이 편리한 3기 신도시　　　　　　　　　　　　　　　　　　(출처 : 3기 신도시)

10 신도시 공급 물량으로 투자 시기를 판단할 수 있다

신도시 아파트 공급 물량은 투자 시기를 결정할 때 매우 중요합니다. 향후 10년간 수도권 신도시 공급 물량 추이를 분석하면 어느 시점에 매매하는 것이 유리한지를 알 수 있습니다.

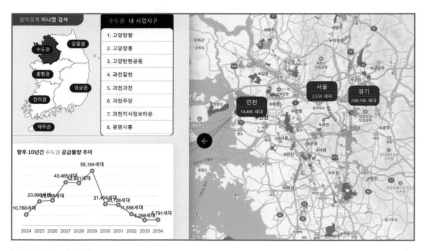

내집어디 - 수도권   (출처 : 내집어디)

연도	2024	2025	2026	2027	2028	2029	2030	2031	2032	2033	2034
세대	10,788	23,998	25,038	43,465	42,921	**55,164**	21,404	20,728	11,556	5,298	5,791

향후 10년간 수도권 신도시 공급 물량 추이   (출처 : 내집어디)

위의 표는 향후 10년간 수도권 신도시 아파트 공급 물량을 연도별로 나타낸 것입니다. 이를 통해 공급 물량의 변화를 알 수 있습니다.

연도별 공급 물량을 살펴보면, 2027~2029년에 걸쳐 공급이 급격히 증가하는 것을 알 수 있습니다. 2027년에는 43,465세대, 2028년에는 42,921세대, 2029년에는 55,164세대로 정점을 찍으며, 이후로는 빠르게 감소하는 추세를 보입니다.

2027~2029년 사이 신도시 아파트 공급이 대규모로 이루어집니다. 이 기간에 많은 신규 주택이 시장에 나오기 때문에, 수요자들은 상대적으로 주택 선택의 폭이 넓어질 것입니다. 하지만 대규모 공급으로 부동산 가격이 일시적으로 안정화될 가능성이 있습니다. 이렇게 공급이 많아지는 시점에는 투자자에게 좋은 기회가 될 수 있습니다. 또한, 향후 몇 년 동안 시장이 안정화된 시기 이후에는 부동산 가치가 상승할 것입니다.

2029년 이후 공급 물량이 급격히 줄어들어 시장에서의 수요와 공급의 균형이 다시 변화할 수 있습니다. 따라서, 이 시기에 미리 투자해놓은 부동산은 공급 감소로 인해 향후 몇 년간 가치가 상승할 가능성이 큽니다.

신도시는 초창기 투자 시 장화를 신고 들어가서 나올 때는 구두를 신는다는 말이 있습니다. 이 격언은 신도시 초기 투자자들이 겪는 불편함과 그 이후의 보상을 잘 나타내고 있습니다. 신도시 투자를 고려할 때, 초기의 불편함을 감수하고 장기적인 가치를 바라보는 것이 중요합니다.

11 지방 핵심 입지는 이런 곳에 근접해 있다

    지방 아파트에 투자할 때, 부촌, 학군, 상권, 그리고 대도시권 간의 광역교통체계가 잘 구축되어 있는지를 확인해야 합니다. 이 중에서 특히 광역교통망에 대해 더 자세히 알아보겠습니다.

    먼저, 부촌은 학군과 중심 상권, 시청, 법원 등이 인접한 곳에 형성됩니다. 예를 들어, 부산의 해운대구 중동, 인천의 연수구 송도동, 대구의 수성구 범어동, 대전 둔산동, 광주의 남구 봉선동, 울산의 남구 신정동, 제주의 제주시, 세종의 나성동 등이 있습니다.

구분	부산	인천	대구	대전	광주	울산	제주	세종
인구 (2024.8)	327.5만	301.4만	236.6만	143.9만	141.2만	109.9만	67.1만	38.9만
지역	해운대구 중동	연수구 송도동	수성구 범어동	서구 둔산동	남구 봉선동	남구 신정동	제주시	나성동
아파트 (변경 가능)	해운대 두산위브 더제니스	송도더샵 파크 애비뉴	빌리브 범어	크로바	봉선한국 아델리움 3차	문수로2차 아이파크 2단지	노형2차 아이파크	나릿재 2단지 리더스포레

지역별 부촌   (출처 : 저자 작성)

또한, KTX 환승센터는 지역 대중교통 이용을 편리하게 합니다. 서울역 광역복합환승센터에는 철도통합역사 외에 52개 노선의 버스 환승 정류장, 주차장, 지상 광장, 공공·상업시설 등이 있습니다.

광명역 복합환승센터는 다양한 교통수단을 효율적으로 연결하고, 이용자들이 편리하게 환승할 수 있도록 설계되었습니다.

대구광역시 동대구복합환승센터는 고속철도, 일반철도, 도시철도, 광역전철, 고속버스, 시외버스를 편리하게 이용할 수 있는 국내 최초의 민자 복합환승센터입니다.

KTX 천안아산역에도 터미널을 포함한 광역복합환승센터를 계획하고 있습니다.

주요 KTX 환승센터로는 계룡, 마산, 서대구, 울산, 익산, 전주, 천안아산 등 7곳이 선정되었습니다. 또한, 지역 교통거점 20곳에도 철도, BRT, 버스 간 환승 체계를 개선하고 있습니다. 주요 교통거점으로는 강일, 걸포북변, 검암, 구리, 김포공항, 대저, 명지신도시, 병점, 복정, 북정, 사당, 사상, 사송, 송정, 아주대삼거리, 유성터미널, 인덕원, 평택지제, 초지, 태화강이 있습니다.

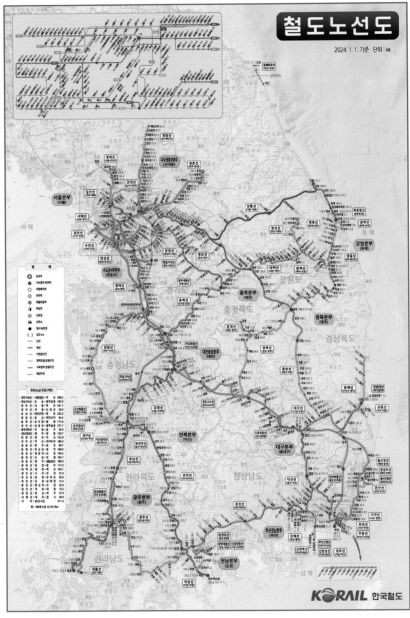

한국철도 노선도

(출처 : KORAIL)

지방은 인구수를 고려해 정부에서 선택한 지역 위주로 투자해야 하고, 인구가 50만 이상인 도시를 선택해야 합니다. 이런 도시를 선택해야 하는 이유는 다음과 같습니다.

먼저, 인구가 많으면 경제 활동이 활발해져 일자리 창출에도 긍정적인 영향을 미칩니다. 이는 주택 수요를 높여 가격이 상승할 가능성이 커집니다. 또한, 인구가 많은 도시는 백화점을 포함해 다양한 편의시설과 인프라를 갖추고 있어 주택 가치를 높이는 데 도움이 됩니다. 교통, 의료시설, 교육기관 등이 잘 발달한 도시는 투자자에게 인기가 많습니다. 이런 도시는 부동산 시장의 안정성을 높여 투자자의 리스크를 줄여줍니다. 도시의 인구 증가 추세를 분석해 도시 성장 가능성을 고려하는 것이 중요합니다.

시도별 인구 추세를 보면 경기도, 세종시, 그리고 제주도를 제외한 모든 지역이 2050년까지 인구가 감소할 것으로 예상됩니다. 이러한 인구 추세를 고려해 인구가 많은 지역을 선택하는 것이 현명합니다.

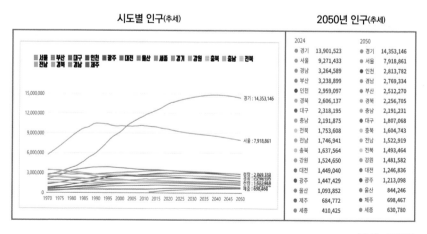

(출처 : KOSIS)

12
지방 시대 4+3
초광역권 발전 계획

지방 시대 4+3 초광역권 발전 계획은 투자자들에게 중요한 지침이 될 수 있습니다. 이 계획은 각 지역의 특성을 고려한 산업 육성과 인프라 구축을 목표로 하며, 충청권, 광주·전남권, 대구·경북권, 부산·울산·경남권, 그리고 3개 특별자치권의 발전 방향을 제시합니다. 투자자들은 각 지역의 핵심 산업, 인프라 구축 계획, 경제 성장 목표를 종합적으로 고려해 투자 전략을 수립해야 합니다. 특히 교통 인프라 개선, 신산업 클러스터 조성, 관광 산업 활성화 등의 계획이 구체화되는 지역의 부동산에 주목할 필요가 있습니다. 또한, 2021년도는 전 세계 인구의 56% 가 초광역권 메가시티에 살았고, 2050년도에는 67%로 11% 증가될 것으로 예상합니다. (출처: 대도시권광역교통위원회, 메가시티와 광역교통)

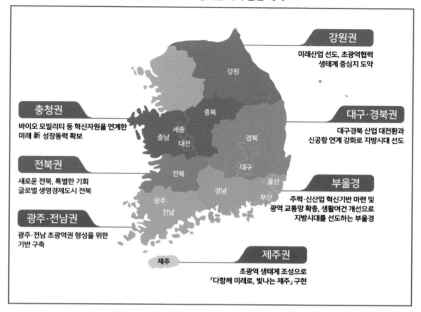

지방 시대 4+3 초광역권 특화 발전 계획(안)

강원권
미래산업 선도, 초광역협력
생태계 중심지 도약

충청권
바이오 모빌리티 등 혁신자원을 연계한
미래 新 성장동력 확보

대구·경북권
대구경북 산업 대전환과
신공항 연계 강화로 지방시대 선도

전북권
새로운 전북, 특별한 기회
글로벌 생명경제도시 전북

부울경
주력·신산업 혁신기반 마련 및
광역 교통망 확충, 생활여건 개선으로
지방시대를 선도하는 부울경

광주·전남권
광주·전남 초광역권 형성을 위한
기반 구축

제주권
초광역 생태계 조성으로
「다함께 미래로, 빛나는 제주」구현

초광역권발전 시행계획   (출처: 지방시대위원회)

충청권은 초광역 교통망을 중심으로 지역거점 연결, 첨단 바이오헬스, 미래 모빌리티, 소재부품 및 신산업 육성을 도모하고 있습니다. 이 지역에 투자할 경우, 특히 오송역 주변 부동산에 주목할 필요가 있습니다. 초광역 교통망 연결을 통해 오송역 연간 이용객 1,100만 명 달성을 목표로 하고 있어, 향후 교통 요지로서의 가치가 상승할 것으로 예상됩니다.

광주·전남권은 다양한 첨단 산업 분야에서 발전을 꾀하고 있습니다. 이 지역은 인공지능 기술을 기반으로 한 에너지 신산업, 차세대 모빌리티, 반도체, 바이오 등 핵심 산업의 공동 협력을 추진 중입니다.

이 지역에 투자를 고려한다면, 이러한 산업 클러스터 주변의 부동산에 주목할 필요가 있습니다. 특히, 지역 내 총생산(GRDP) 125조 원 달성

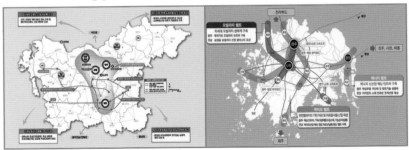

충청권   **광주·전남권**

충청권, 광주·전남권   (출처 : 지방시대위원회)

과 인구 330만 명 유치를 목표로 하고 있어, 지역 경제 성장과 인구 유입이 예상됩니다.

대구·경북권은 미래차, 반도체, AI·로봇, 도심항공 등이 융합된 첨단 부품·소재산업 기반 조성을 목표로 하고 있습니다. 이 지역에서는 특히 신공항 연계 K-콘텐츠 관광산업 활성화 계획에 주목할 필요가 있습니다. 외국 관광객 수 200만 명을 유치하는 목표는 관광 관련 부동산의 가치 상승 가능성을 시사합니다.

부·울·경 지역은 부산·울산·창원·진주 4대 거점을 연결하는 광역교통 및 수소벨트 구축을 계획하고 있습니다. 이 지역에 투자할 경우, 가덕도신공항 및 남부권 광역관광벨트 조성 계획을 고려해야 합니다. 연평균 3% 경제 성장과 부·울·경 1시간 통행권 조성 목표는 지역 전반의 부동산 가치 상승 가능성을 시사합니다.

강원권, 전북권, 제주권의 3대 특별자치권도 각각의 특화 산업과 발전 계획을 가지고 있습니다. 예를 들어, 강원권의 수소에너지와 디지털 헬스케어 산업, 전북권의 바이오·수소 산업, 제주권의 문화관광 산업 등에 주목할 필요가 있습니다. 이러한 산업 발전이 해당 지역의 경제 성장과 인구 유입으로 이어질 경우, 관련 부동산의 가치 상승을 기대할 수 있습니다.

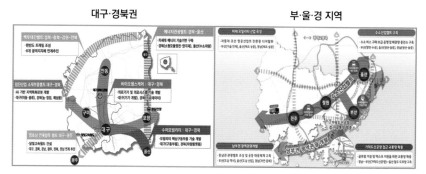

대구·경북권, 부·울·경 지역   (출처 : 지방시대위원회)

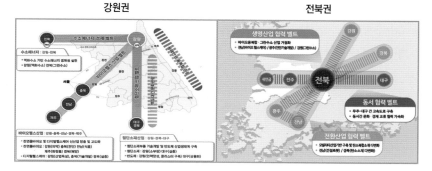

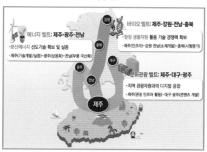

강원권, 전북권, 제주권   (출처 : 지방시대위원회)

13 > 아파트 투자를 하는 여러 가지 방법

아파트 투자를 하는 방법에는 여러 가지가 있습니다. 대표적인 방법으로는 분양권과 아파트 매매가 있습니다. 각각의 방법에 대해 알아보겠습니다.

첫째, 분양권은 청약, 미분양 줍줍, 전매를 통해 권리를 확보할 수 있습니다. 먼저, 청약을 통해 아파트 권리를 얻는 방법을 알아보겠습니다.

청약은 가점제와 추첨제를 통해 권리를 얻을 수 있습니다. 가점제는 무주택기간, 부양가족 수, 청약통장 가입 기간을 기준으로 점수를 부여해 입주자를 선정합니다. 무주택기간은 주택 소유 여부에 따라 달라지며, 주택을 소유한 적이 없는 경우는 만 30세가 된 날과 혼인신고일 중더 빠른 날을 기준으로 계산합니다.

주택을 소유한 적이 있는 경우는 혼인신고일과 만 30세, 기존주택을 매도한 날을 포함해서 가장 늦은 날을 기준으로 합니다. 배우자는 세대분리와 상관없이 같은 세대로 인정되며, 부모님을 부양가족으로 인정받으려면 3년 이상 같은 주민등록에 등재되어 있어야 합니다. 청약통장 가입 기간은 최초 가입일 기준으로 계산되며, 만 19세 미만 미성년자의 경우 최대 2년간 인정됩니다.

추첨제는 규제지역 기준 보통 전체 공급 물량의 50~75%를 무주택 세대에게, 나머지는 1주택 세대에게 우선 공급하는 방식입니다. 이처럼 주택 소유자도 추첨을 통해 권리를 얻을 수 있습니다. 청약에 참여하려면 LH청약+에서 신청해야 합니다.

(출처 : LH청약+)

아파트 무순위 청약(줍줍)은 입주자 모집 공고 후 남은 물량이 발생할 때 선착순으로 분양권을 얻을 수 있고 청약통장도 필요하지 않습니다. 다만, 전국적으로 부동산이 과열되었을 때는 입주 시점에 매도 물량이 증가해서 가격이 하락할 수 있으니 신중해야 합니다.

분양권 전매는 이미 분양된 아파트의 분양권을 매수하는 것입니다. 분양권 매수 금액은 계약금, 중도금, 발코니 및 유상 옵션 비용, 그리고 프리미엄 금액을 합산합니다. 매도인이 실제로 손에 쥐는 프리미엄 금액을 손피라고 하며, 이는 매수인이 양도소득세를 부담하는 경우입니다.

분양권 전매의 절차는 가계약, 본계약 체결, 실거래가 신고, 중도금 대출 승계, 그리고 권리 의무 승계(명의 변경) 등이 있습니다.

둘째, 신축 아파트, 재개발, 재건축을 통한 투자 방법에 대해 알아보 겠습니다.

신축 아파트는 실거주뿐만 아니라 전세, 월세, 반전세 등 다양한 방법 으로 투자할 수 있습니다.

전세 갭 투자는 전세가격이 높아 투자 금액의 차이가 줄어들어 소액 투자 시 유리합니다. 매매가격과 전세가격 사이의 차이를 활용해 소액 으로 투자할 수 있으며, 상승장에서 큰 수익을 기대할 수 있습니다.

반전세 투자는 주택담보대출을 활용해 부동산을 구매한 후 반전세로 임대해 초기 투자 금액을 최소화하고, 세입자의 월세로 대출 이자를 상 환하며, 장기적으로 부동산 가치 상승을 통해 시세차익을 실현하는 방 법입니다.

월세 투자는 공시가격이 높을 때 대출을 최대한 활용하고 월세 수익 으로 이자를 충당해 투자하는 방법입니다. 이러한 방법들은 각각의 장 단점이 있으며, 투자자의 상황과 목표에 따라 선택할 수 있습니다. 신축 아파트는 등기가 나오기 전에 계약이 진행되는 경우가 많으므로 주의 가 필요합니다.

재개발과 재건축을 통한 투자 방법에 대해 알아보겠습니다.

재건축은 기존 아파트의 면적과 세대수를 늘릴 수 있습니다. 또한, 용 적률이 높아질수록 더 높은 건축이 가능해져 아파트의 가격과 재건축 이익이 증가하게 됩니다. 대표적인 단지로는 서초구 래미안원베일리와 강동구 올림픽파크포레온 아파트가 있습니다.

재개발은 열악한 주거 환경을 개선하기 위해 구도심 지역에서 진행됩니다. 이러한 사업은 도시 내 다양한 인프라 개선이 필요한 지역에서 시행되며, 낡은 빌라나 상가를 보유하고 있는 경우에도 입주권을 받을 수 있는 혜택이 있습니다. 대표적인 단지로는 강북구 북서울자이폴라리스와 노원구 노원롯데캐슬시그니처가 있습니다.

　　간단히 정리하자면, 재개발 지역에 단독, 빌라, 상가, 도로 등의 토지를 소유하고 있는 경우, 입주권을 받을 수 있어 투자 수익을 극대화할 수 있습니다.

14

아파트 가격을 결정하는
핵심 요소

아파트 투자 시 가격을 결정하는 핵심 요소를 알고 있다면 의사결정이 빨라질 것입니다.

시장 가치는 부동산 시장의 전반적인 동향과 환경에 따라 결정됩니다.

정부의 부동산 정책, 금리 변동, 새로운 아파트의 공급량 등이 시장 가치에 영향을 미치는 주요 요인입니다. 이러한 요소들이 복합적으로 작용해서 투자 심리와 시장의 흐름을 형성합니다.

현재 가치는 아파트의 현재 상태와 주변 환경을 고려한 가치입니다.

주변 환경(교통, 학군, 편의시설)과 내부 환경(입주 연도, 브랜드, 층수 등)이 현재 가치를 결정하는 주요 요소입니다. 예를 들어, 역세권의 신축 아파트는 높은 현재 가치를 가질 수 있습니다.

미래 가치는 아파트의 가치가 앞으로 어떻게 변할 수 있는지를 나타냅니다. 주로 개발 호재와 관련이 있으며, 교통 개발(지하철역 신설 등)과 지역 개발(대규모 도시 계획 등) 호재로 구분할 수 있습니다. 미래 가치 평가 시 다양한 개발계획과 지역 성장 지표를 고려해야 합니다.

내재 가치는 아파트가 위치한 땅의 가치를 의미합니다. 시간이 지나면서 건물의 가치는 감소하지만, 토지의 가치는 변하지 않거나 상승하는 경향이 있어 장기적인 투자 관점에서 중요한 요소입니다. 특히 도심지나 발전 가능성이 높은 지역의 아파트는 내재 가치가 높을 수 있습니다.

예를 들어, 도심 지역에서는 신축 건물보다는 토지의 위치와 가치가 부동산 가격을 결정합니다.

위성지도(용도를 알 수 없음)   **지적도**(상권, 1~3종 일반주거지역)

(출처 : 네이버페이 부동산, 서울 위성뷰, 지적편집도)

아파트 투자 시 이러한 다양한 가치 요소들을 종합적으로 고려해야 합니다. 각 요소의 중요도는 투자 목적과 개인의 상황에 따라 달라질 수 있습니다. 예를 들어, 단기 투자자는 시장 가치에, 장기 거주 목적 구매자는 현재 가치와 미래 가치에, 노후 대비 투자자는 내재 가치에 더 주목할 수 있습니다. 따라서 투자자들은 이러한 요소들을 충분히 이해하고 분석해서, 자신의 투자 목적에 맞는 최적의 선택을 해야 합니다.

15 > 아파트 투자 시기로 수익을 극대화하는 방법

아파트 투자 시 시기와 순서는 매우 중요합니다. 먼저 유동성, 수요와 공급, 그리고 저평가 시기에 대해 알아보겠습니다.

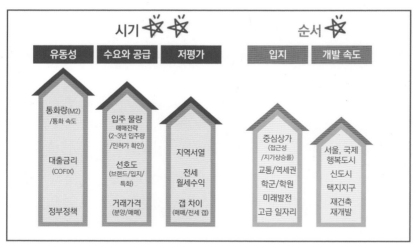

아파트 투자 시기와 수익을 극대화하는 순서

(출처 : 저자 작성)

첫째, 유동성은 투자자가 자산을 현금으로 전환하는 데 얼마나 쉽고 빠르게 할 수 있는지를 나타냅니다. 통화량(M2), 대출 금리, 정부 부동산 정책은 유동성에 중대한 영향을 미칩니다. 통화량(M2)은 화폐 공급량을 의미합니다. 화폐 공급이 많아지면 아파트 가격 상승에 긍정적인 영향을 미칩니다. 통화 속도는 화폐가 거래에 얼마나 빠르게 사용되는지를 나타내며, 높은 통화 속도는 경제의 활발한 신호일 수 있습니다.

통화량(M2) = C+D+T+S	통화(화폐유통) 속도(V) = PY/M
(C)는 화폐의 현금 보유량입니다.	(V)는 통화 속도입니다.
(D)는 예금입니다.	(P)는 물가 수준입니다.
(T)는 시중에 유통 중인 정부 채권입니다.	(Y)는 실질 GDP(국내총생산)입니다.
(S)는 저축 예금입니다.	(M)은 통화량(M2)입니다.

(출처 : 한국은행 경제통계시스템)

콜금리(COFIX)는 은행 간 자금 거래 시의 금리를 의미합니다. 콜금리가 낮으면 대출 부담이 적어 아파트 매수자에게 유리할 수 있습니다. 또한, 낮은 대출 금리는 아파트 투자의 수익성을 높일 수 있습니다.

정부의 부동산 정책은 아파트 가격에 큰 영향을 미칩니다. 규제는 주로 시장 안정과 공공 정책 목적을 위해 시행됩니다. 예를 들어, 규제가 강화되면 투자 수요가 억제되어 가격이 안정화될 수 있고, 규제가 완화되면 가격이 상승할 수 있습니다. 또한, 투기지역을 규제하면 반사이익으로 인접한 비규제지역이 상승하기 때문에, 이러한 지역에 투자를 할 때는 2~3년 이내의 단기적인 관점으로 접근해야 합니다.

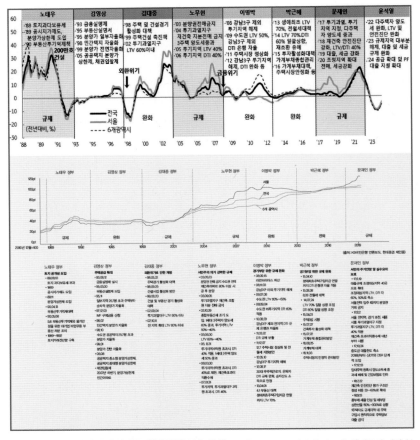

정권별 주택 정책 변화와 아파트 매매가격 지수 추이 (출처 : 2024 KB부동산 보고서, 현대증권 재인용)

둘째, 수요와 공급의 균형은 아파트 가격 변동에 큰 영향을 미칩니다.
공급이 부족하거나 수요가 증가하면 가격이 상승할 수 있습니다. 특히
인구가 증가하는 지역이나 경제 성장이 기대되는 지역에서는 수요가
공급을 초과할 수 있습니다.

아파트 투자 시 가장 중요한 것은 입주 물량을 정확히 파악하는 것입
니다. 2~3년 후 아파트 인허가량을 확인해 향후 공급량을 예측하고, 이

를 기반으로 투자의 타이밍을 결정하는 것이 필요합니다. 공급량이 많으면 시장은 경쟁이 치열해질 수 있으며, 이는 가격을 하락시킬 수 있습니다. 반면 공급이 적으면 가격을 상승시킬 수 있습니다.

아래 그래프를 살펴보면, 향후 몇 년간 국내 부동산 시장에 주목할 만한 변화가 예상됩니다. 2025~2027년 기간 동안 전국 아파트 입주 물량이 많이 감소해 약 45만 가구에 그칠 것으로 전망되며, 이는 적정 수요에 비해 현저히 부족한 수준입니다.

이러한 공급 부족으로 인해 부동산 가격 상승 압력이 높아질 것으로 예상되며, 특히 서울과 수도권 지역에서 더욱 뚜렷하게 나타날 것입니다. 주택수요 증가와 금리 인하 예상으로 2025년부터 주택 시장 과열 현상이 발생할 가능성이 있습니다.

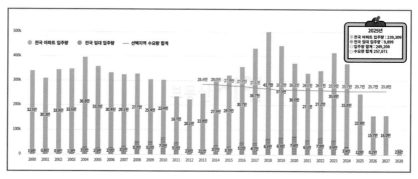

전국 연도별 수요 및 입주 현황(2024년 10월)   (출처 : 부동산지인)

먼저, **서울**은 국제도시로서 세계적인 부동산 가격 추세를 따르며, 만성적인 주택 공급 부족과 메가시티화로 인해 가격이 지속 상승하는 경향이 있습니다. 서울 부동산 시장에 투자할 때는 2가지 핵심 원칙을 명심해야 합니다. 첫째, 역전세 위험이 있는 전세 하락기를 피해야 하며, 둘째, 전세 지수가 상승하는 시기를 포착해 최적의 매수 기회로 활용해야 합니다.

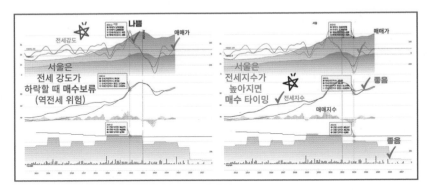

서울 멀티 차트(2024년 10월 현황)　　　　　　　　　　　　　　　(출처 : 부동산지인)

　지방 메가시티(대구)**의 부동산 시장**은 서울과는 다른 특성을 보입니다. 이들 도시에서는 신규 입주 물량이 가격 변동을 좌우하는 주요 변수로 작용하므로, 투자 시 입주 예정 물량과 전세가율을 주의 깊게 분석해야 합니다. 이러한 요소들을 종합적으로 고려해 최적의 매수·매도 결정을 내린다면, 높은 시세차익을 실현할 수 있을 것입니다.

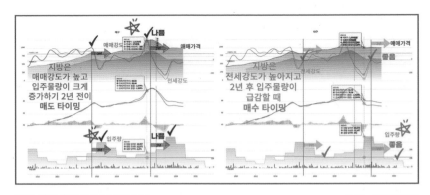

대구 멀티 차트(2024년 10월 현황)　　　　　　　　　　　　　　　(출처 : 부동산지인)

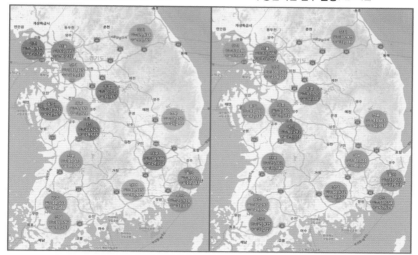

부동산지인 입주 물량(1년 9개월)   **부동산지인 입주 물량**(3년 9개월)

전국 입주 물량 지도(2024년 10월 현황)   (출처 : 부동산지인)

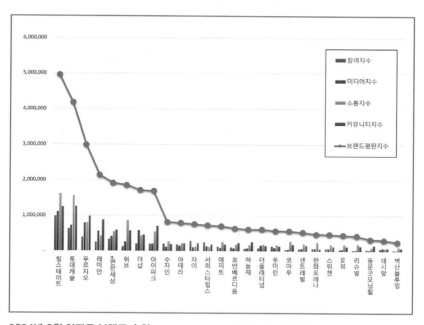

2024년 8월 아파트 브랜드 순위   (출처 : 한국기업평판연구소 브랜드 평판지수)

아파트 선호도는 사람들이 어떤 기준으로 방향을 선호하는지를 나타내는 개념입니다. 아파트의 방향은 일조량, 환기, 조망 등과 관련이 있습니다. 요즘은 개인별로 다양한 라이프 스타일이 있어서 자신의 생활에 맞춰 선택을 하기도 합니다.

셋째, 저평가 시기에 아파트 투자를 하는 것은 매우 중요한 전략입니다. 저평가 시기는 시장의 잘못된 평가나 일시적인 경제 불확실성으로 인해 발생할 수 있습니다. 저평가된 시기에 아파트를 찾아내고 그에 따른 투자 결정을 내리는 것은 성공 투자의 핵심입니다. 지역별 아파트 시세, 입지 조건, 교통인프라 등을 고려해 대장 아파트를 파악하면, 어떤 지역이 저평가되어 있는지도 알 수 있습니다. 이를 위해 몇 가지 중요한 지표를 알아보겠습니다.

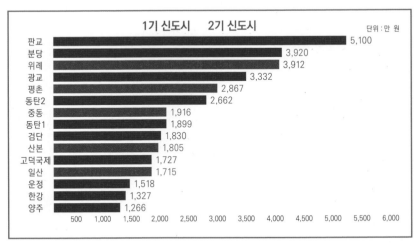

1~2기 신도시별 평당(3.3㎡) **아파트 매매가격**(2024년 7월)　　(출처 : 부동산지인 참고 저자 작성)

아파트의 전세·월세 수익률은 중요한 지표입니다. 전세가율은 전세가격을 매매가격으로 나눈 비율로, 수도권과 서울의 전세가율은 각각 59.4%, 52.8%입니다. 월세 수익률은 월세를 매매가격으로 나눈 비율이며, 임대 수익성을 판단할 수 있습니다.

아파트 갭 투자는 매매가격과 전세가격의 차이를 활용해 소액으로 투자하는 방법입니다. 전세가율이 높은 지역에서 더 큰 수익을 기대할 수 있습니다. 하지만 시장 변동성에 따라 손실이 발생할 수 있으므로, 리스크 관리가 중요합니다.

요약하자면, 저평가된 아파트를 선택하고, 전세가율과 월세 수익률을 고려해 최적의 투자 결정을 내리고, 갭 투자 매물을 잘 분석하면 높은 수익을 창출할 수 있을 것입니다.

16 > 아파트 투자 순서로 수익을 극대화하는 방법

미래 가치를 고려해서 어떤 아파트에 먼저 투자할지 결정하는 순서는 매우 중요하며, 각 요소들을 알아보겠습니다.

아파트 투자 시 입지 선택은 중요한 요소 중 하나입니다. 중심 상권, 역세권 및 교통 편리성, 학교·학군·학원, 미래 발전 계획, 고급 일자리 등 여러 요소를 고려해 최선의 결정을 내려야 합니다.

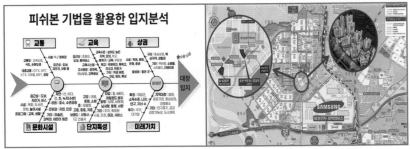

미래 가치가 높은 입지 − 피쉬본 차트 분석, 평택 고덕신도시   (출처 : 저자 작성)

중심 상권에 있는 아파트는 접근성이 좋고, 공시지가 상승률이 높은

지역으로, 향후 가치 상승 가능성이 큽니다. 지역 대장 아파트의 위치와 신도시 개발계획을 확인하는 것이 중요합니다. 개발계획과 좋은 입지는 '내집어디' 사이트를 통해 쉽게 파악할 수 있습니다.

지하철은 주요 교통수단 중 하나로, 지하철역 근처의 아파트는 가치 상승 가능성이 높습니다. 교통이 원활하고 주변에 편의시설이 잘 갖춰진 지역은 아파트 투자에 유리합니다. 다만 지상철이 있는 역세권은 예외로 판단해야 합니다.

역세권 아파트란, 지하철역 주변 아파트를 의미합니다. 일반적으로 지하철역에서 도보로 5분 이내에 도달할 수 있는 거리에 위치하며, 반경 500m 이내의 지역을 말합니다. 역세권 아파트는 빠른 이동성, 경제성, 편리한 접근성 때문에 수요가 많고, 가격도 비교적 높게 형성됩니다. 이는 주택 매수 심리가 높아지기 때문입니다.

| 역세권 아파트의 장점 |

1. **편리한 교통 접근성 :** 지하철역 근처에 살면 대중교통을 이용하는 데 매우 편리합니다. 출퇴근이나 외출 시에 지하철을 이용할 수 있어 시간과 편의성을 높여줍니다.
2. **편의시설과 상가 :** 지하철역 주변에는 상점, 음식점, 카페, 병원 등 다양한 편의시설이 많습니다. 필요한 물품을 쉽게 구매할 수 있고, 생활 편의를 높일 수 있습니다.
3. **투자 가치 :** 역세권 아파트는 수요가 높아 가격이 안정적으로 상승하는 경향이 있습니다. 향후 교통 환경 개선이 예상되는 지역에 투자할 때도 고려할 만한 요소입니다.
4. **문화와 활동 :** 지하철역 주변에는 공연장, 박물관, 미술관, 공원 등 다양한 문화 시설이 있어 삶의 질을 높일 수 있습니다.

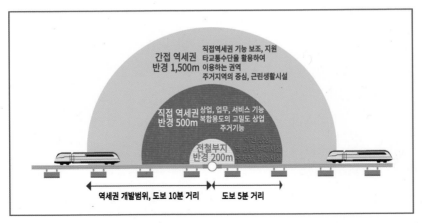

역세권 개념 (출처 : 나무위키, 저자 작성)

학교·학군·학원 등 우수한 교육시설이 갖춰진 지역은 가족 단위 거주자들에게 인기가 많습니다. 좋은 학군은 해당 지역의 교육 환경을 나타내는 지표로, 아이들의 교육에 긍정적인 영향을 미치며, 부동산 가치에도 큰 영향을 줍니다. 학원이 많은 지역은 학생들의 학업 성취도를 높일 수 있습니다. 다양한 학원과 교육 프로그램이 풍부한 지역은 부모들에게 인기가 많습니다.

'부동산지인' 앱을 사용하면 학교, 학원, 학군을 3D 지도로 쉽게 찾아볼 수 있습니다. 먼저 빅데이터 지도를 아파트로 확대하고 필터에 학원과 학군을 선택합니다. 마지막으로 화면을 확대합니다.

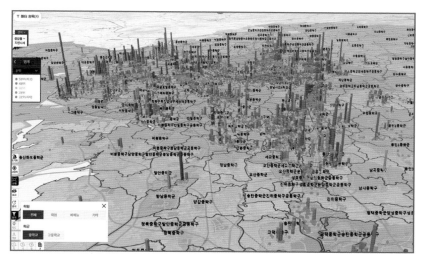

학원 및 학군 현황

(출처 : 부동산지인)

| 학교 신설 관련 꼭 알아야 하는 기준 |

1. **초등학교 설립 기준** : 2011년에 개정되었으며, 최소 2,000세대에서 4,000~6,000세대로 변경되었습니다.
2. **중학교와 고등학교 설립 기준** : 6,000~9,000세대입니다.
3. **학구도 안내 서비스** : 지역별 학군을 반드시 확인해야 합니다.

(출처 : 도시계획시설규칙, 제89조(학교의 결정기준))

도시계획이나 개발 프로젝트가 있는 지역은 향후 가치 상승 가능성이 높습니다. 또한, 교통, 문화시설, 공원 등의 인프라 개발이 예정된 지역은 투자에 유리합니다. 그리고 주변에 고급 일자리가 많은 지역을 선호합니다. 예를 들면, 법원, 대학병원, 연구소 등이 있는 지역은 부동산 가치가 크게 상승하는 경향이 있습니다.

'부동산지인' 앱에서 3D 지도로 법인 사업체를 찾는 방법을 알아보겠습니다. 먼저 빅데이터 지도로 경제-3D 법인사업체를 검색합니다. 화면을 확대하거나 축소하면서 살펴봅니다.

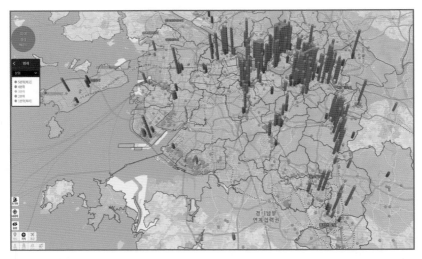

3D 법인사업체 현황　　　　　　　　　　　　　　　　　　　(출처 : 부동산지인)

 투자 tip

주택 수별 투자 순서(포트폴리오)

소유하고 있는 주택 수에 따라 투자 전략이 달라집니다. 각 상황에 맞는 최적의 투자 방법에 대해 알아보겠습니다.

1. 무주택자 : 똑똑한 분양권 청약(특별공급, 신혼부부, 다자녀 등 활용)

　　무주택자는 분양권 청약에 집중해야 합니다. 신도시나 역세권 등 좋은 입지를 선택하고, 특별공급과 일반공급에서 무주택기간 가산점을 활용해 청약 당첨 확률을 높입니다. 저렴한 대출 조건을 활용하고, 월세 세액공제와 전세 대출 소득공제 같은 세제 혜택을 최대한 활용하세요. 취득세, 종합부동산세, 양도소득세 등의 세금 부담도 상대적으로 적습니다.

2. 1주택자 : 상급지 아파트 매매 또는 분양권(입주권) 투자

1주택자는 일시적 1세대 2주택 비과세 혜택을 활용해 상급지 아파트를 매매하거나 좋은 입지의 분양권에 투자할 수 있습니다. 일반공급 청약이 가능하며, 일시적 1세대 2주택 비과세 혜택을 통해 세금 부담을 줄일 수 있습니다.

3. 2주택자 : 재건축 상가(아파트 입주권 가능)

2주택자는 재건축 상가나 도로, 토지 투자도 고려해야 합니다. 양도소득세와 종합부동산세를 고려하고, 일시적 1세대 2주택 비과세와 재건축 초과 이익 환수에 유의해야 합니다.

4. 다주택자 : 수익형 부동산과 가족 간 증여 활용

다주택자는 가족 간 증여, 임대주택 등록, 법인 명의 투자 등을 통해 세금 혜택을 극대화할 수 있습니다. 대세 상승장 초기에는 2년 보유 후 매도 전략을 활용하고, 실거주 아파트 1채, 분양권(입주권) 1채, 재건축 상가 1채, 수익형 부동산 및 전문 영역(토지, 빌딩, 상가) 투자로 포트폴리오를 다양화합니다. 또한 분양권을 자녀와 부모에게 증여하는 투자 방법도 고려하세요.

아파트는 도시개발 속도가 빠른 곳이 주거 만족도가 높고, 높은 수익률을 기대할 수 있습니다. 첫 입주 후 개발 속도가 빠른 지역으로는 서울, 국제도시, 세종 행정중심복합도시, 그리고 신도시가 있습니다. 이들 도시는 모두 정부 주도하에 개발된 곳으로, 일자리와 주거 수요가 많아 사업성이 좋으며, 지역 균형발전에도 이바지했습니다. 다음은 도시별 특징에 대해 알아보겠습니다.

　서울은 600년 이상의 수도로 정치, 경제, 문화의 중심지로서 빠른 발전을 이루었습니다. 1960년대부터 시작된 정부 주도의 경제개발계획과 함께 산업화·도시화가 급속히 진행되었고, 이는 서울로의 인구 집중을 초래했습니다. 강남 개발, 지하철 시스템 구축 등 대규모 도시 인프라 조성이 이루어졌으며, 1988년 올림픽 개최를 계기로 국제도시로서의 면모를 갖추게 되었습니다. 정보기술 산업의 성장과 지속 가능한 도시 개발 정책 추진으로 서울은 현대적이고 경쟁력 있는 도시로 발전했습니다. 이렇게 서울은 세계적인 슈퍼스타 도시로 자리 잡았습니다.

1950 - 서울시가지도 Seoul Road Map   1966년 최신 서울특별시 전도

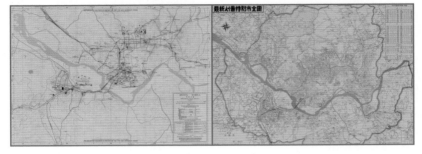

(출처 : 서울역사아카이브)

1974년 개정 서울특별시 전도   2024년 도시 생활지도

(출처 : 서울역사아카이브)

인천은 국제도시 중 먼저 개발된 곳으로, 국제공항과 경제자유구역을 중심으로 빠르게 성장해 글로벌 경쟁력을 갖춘 도시로 발전했습니다. 인천국제공항은 세계적인 허브공항으로 자리매김하며 지역 경제 발전을

이끌었고, 경제자유구역은 국제비즈니스와 바이오산업, 국제학교 등 다양한 분야에서 성장을 이루었습니다. 또한 문화콘텐츠 및 관광산업 육성, 글로벌 기업 유치, 창업생태계 조성 등을 통해 새로운 성장 동력을 확보하고 있습니다. 인천은 지속 가능한 발전을 위해 원도심 재생 및 인천항 재개발 등의 프로젝트를 추진하며, 균형 잡힌 도시로 발전하고 있습니다.

그리고 정부는 국제도시의 개발을 적극적으로 지원해 법적·행정적 장벽을 최소화하고 투자 유치를 했습니다. 이러한 요인들이 국제도시의 빠른 개발을 가능하게 했습니다.

용산국제업무지구(0.494㎢, 51조 원 추정)   인천 송도국제도시(53.36㎢, 21.5조 원)

(출처 : 나무위키)

인천 영종국제도시(51.18㎢, 13.3조 원)   인천 청라 국제도시/업무지구(17.8㎢, 6.5조 원)

(출처 : 나무위키)

부산 명지국제도시(6.398㎢, 6.6조 원)   평택 고덕국제도시(17.262㎢, 사업비 8.1조 원)

세종시는 행정중심복합도시로 계획되어 국가균형발전 정책의 일환으로 빠르게 성장했습니다. 정부의 약 45.7조 원의 적극적인 투자와 지원으로 도시 기반 시설이 신속히 구축되었고, BRT(간선급행버스체계) 시스템과 외곽순환도로 등 효율적인 교통인프라가 확충되었습니다. 첨단산업 육성을 위해 기업발전특구를 지정하고 정보기술(IT), 생명공학기술(BT), 친환경에너지기술(ET) 융합 산업을 유치해 미래 성장 동력을 확보하고 있습니다.

스마트시티 구축을 통해 시민 편의와 안전을 증진시키고 있으며, 세종 테크노파크 설립 등 산학연 협력 강화로 혁신 생태계를 조성하고 있습니다. 이러한 요인들이 복합적으로 작용해 세종시의 부동산 가치 상승과 도시 발전을 가속화하고 있습니다.

행정수도 완성을 위해 국회 세종의사당과 대통령 제2집무실 건설도 진행되고 있습니다. 이 구역은 약 631,000㎡(19.1만 평)로, 여의도 국회의 2배 규모입니다. 총사업비는 토지매입비, 공사비, 설계비 등을 포함해 3조 6,000억 원으로 추정됩니다.

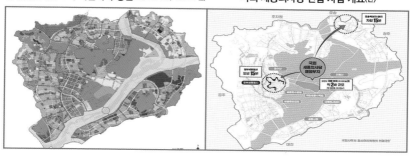

행정중심복합도시 개발계획 평면도(72.91㎢, 45.7조 원)	국회 세종의사당 건립 사업 개요(안)

(출처 : 행정중심복합도시, 개발계획)

신도시는 정부의 강력한 정책으로 GTX, 지하철 연장, BRT 등의 교통 인프라를 우선 구축해 서울 접근성을 향상시켰습니다. 주택난 해소를 위해 아파트 공급을 최우선 과제로 삼아 신도시 개발이 빠르게 진행되었습니다. 추가로 창조경제 육성을 통해 고급 일자리를 제공하고, 스마트시티로 구축해 안전한 도시로 성장하고 있습니다.

1기 신도시	노태우 대통령이 1989년 4월에 5개 지구를 발표(50.1㎢, 29.2만 호) : 성남시 분당, 고양시 일산, 부천시 중동, 안양시 평촌, 군포시 산본
2기 신도시	노무현 대통령이 2003년에 12개 지구(139㎢, 66.6만 호)를 발표 : 성남 판교, 화성 동탄1, 화성 동탄2, 김포 한강, 파주 운정, 수원 광교, 양주 옥정·회천, 평택 고덕, 성남 위례, 인천 검단, 아산 탕정·배방, 대전 도안 추가로 경북도청 신도시(경북 안동), 내포신도시(충남), 남악신도시(전남)도 포함
3기 신도시	문재인 대통령이 2019년에 6개 지구(33.27㎢, 17.1만 호)를 발표 : 남양주 왕숙1·왕숙2, 하남 교산, 인천 계양, 고양 창릉, 부천 대장 2차 7개 지구(약 31.59㎢, 16.2만 호)를 발표 : 과천, 안산 장상, 인천 구월2, 화성 봉담3, 광명 시흥, 의왕·군포·안산, 화성 진안

1~3기 신도시 현황

(출처 : 나무위키)

택지개발지구는 '택지개발촉진법'의 제정으로 개발 과정이 크게 간소화되어, 사업 추진 속도가 빨라졌습니다. 심각한 주택난 해소를 위한 대규모 주택 공급 방안으로 택지개발지구가 채택되어 정부의 전폭적인 지원을 받았습니다. 그린벨트 해제지역이나 도시 외곽의 미개발지역을 대상으로 한 택지개발은 상대적으로 저렴한 비용으로 대규모 개발을 가능하게 했습니다. 이러한 요인들이 복합적으로 작용해 택지개발지구는 단기간에 대규모 주택 공급을 실현하는 효과적인 도시개발 모델로 자리 잡게 되었습니다.

택지 개발	남양주다산지구(다산), 서울강남지구, 서울서초지구, 서울항동지구, 성남여수지구, 수원호매실지구, 하남미사지구(미사강변도시), 안산장상공공주택지구, 행정중심복합도시, 수성의료지구, 경산지식산업지구, 중산지구, 대임지구, 연경지구, 연호지구, 신암뉴타운, 안심뉴타운, 대구테크노폴리스, 청주테크노폴리스, 성남판교대장도시개발사업, 수성알파시티, 첨단지구, 상무지구, 칠곡지구, 송산그린시티, 영종하늘도시, 금호워터폴리스

대표적인 택지개발지구 현황   (출처 : 나무위키)

재건축 사업은 주택이 노후화되었으나 정비기반시설이 양호한 지역에서 주로 이루어지며, 사익 사업의 성격을 띠고 있습니다. 반면, **재개발 사업**은 주택뿐만 아니라 정비기반시설도 불량한 지역을 대상으로 하며, 공익 사업의 성격이 강합니다. 이러한 차이로 인해 재건축은 주로 주민들의 자발적 참여로 이루어지는 반면, 재개발은 정부나 지자체의 주도로 진행되는 경향이 있습니다. 재개발 사업은 정비 기본계획 수립 및 정비구역 지정부터 시작해 조합설립, 시공자 선정, 사업시행인가, 분양 등의 단계를 거쳐 최종적으로 입주와 청산을 완료합니다.

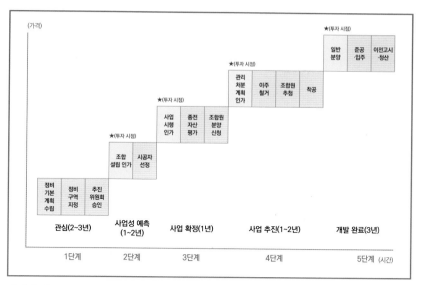

재개발 사업 진행 과정   (출처 : 저자 작성)

　신속통합기획은 서울시에서 민간 주도 재건축 초기 단계에 개입해서 사업 속도를 앞당기는 방식입니다. 이 정책은 기존의 재건축 또는 재개발 과정에서 복잡한 규제와 절차를 줄이기 위해 도입되었습니다. 이는 정비계획부터 건축설계까지 공공이 지원해서 정비구역 지정까지의 소요 기간을 반으로 줄이고 통합심의를 진행해 사업 기간을 획기적으로 단축하는 제도입니다.

　이를 통해 민간과 공공 모두에게 유리한 환경을 조성하고, 서울시의 정비사업을 원활하게 진행할 수 있도록 하고 있습니다.

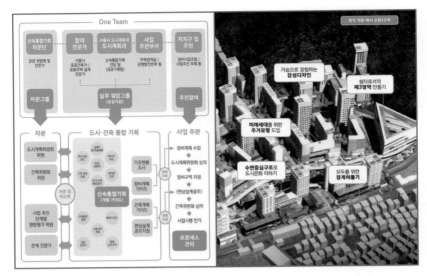

신속통합기획(정비지원계획)

(출처 : 서울특별시 정비사업 정보몽땅)

17

아파트, 분양권, 입주권의 가치평가 방법

아파트, 분양권, 입주권의 가치평가는 다음과 같은 방법으로 진행됩니다.

매물주소	고덕국제신도시체일풍경채 ***동 로얄층 34평				투자시기	2024년 10월		매물가격	650,000,000	(단위: 원, %)
구분	전체가격(토지 + 주택)		면적(평)	토지			면적(평)	건축물		면적(평)
아파트	전용면적(m²)	84.98	25.73	지분면적(m²)	54.49		16	24년 표준건축비	7,670,000	33.47
	공급면적(m²)	110.55	33.47	공시가격(m²)		1,849,000		총 표준건축비		257,000,000
	개별주택가격		400,000,000	토지가격		101,000,000		건축물(주택-토지)		299,000,000
	24년 주택 현실화율		581,000,000	24년 토지 현실화율(참고용)		155,000,000		현실화율 건축물 가격		426,000,000
	하우스머치		622,000,000	밸류쇼핑		612,000,000		토지교 미래가치(내년 후)		770,000,000
	KB부동산 시세		645,000,000	더스탭(앱)		637,000,000		분석가격 평균		645,000,000
임대수익률	보증금+월세	20,000,000	1,550,000	서울	425,000,000	수도권	392,000,000	지방	378,000,000	
	전세(전환율)	312,500,000	1,440,000	4.6%	376,000,000	5.0%	346,000,000	5.2%	333,000,000	
★분양권 예측 (입지 같은 조건)	구분	시세/분양가	연식(입주)	개발주택가격 대비 상향균 상승률	기간(년)		입주 시 가격	투자금	예상수익(세전)	수익률
	대상 아파트	645,000,000	2019년 11월	2.2%		2.42	680,000,000	100%	35,000,000	5.4%
	신축 분양권	569,230,000	2027년 3월				718,000,000	10%	148,770,000	261.4%
	비교	- 75,770,000	7.33				38,000,000			
	후불이자	15,080,000	※ 입주 2년 차 상승률 / 가격			4.4%	750,000,000	입주 2년차 비교세 수익	180,770,000	317.6%
가로주택 정비사업 수익률 분석	지역	구역 토지면적(m²)	용도지역		용적률	건폐율	조합 총세대수	용적 시세(양도, 다세대, 단독)	대출비율(%)	실제투자금
	00정비사업	20,785	3종(2종)일반주택		200	13	410	100,000,000	50%	50,000,000
	예상분양가	연면적(m²)	연면적(평)	건축비율(임대주택 반영)	임대반영 건축비율		총 연면적(m²)	분양평형(114m²/79m²)	예상 총세대수	일반분양 세대수
	400,000,000	41,570	12,587	10%		180	37,413	79	474	64
	분양예상수익	24년 표준건축비(평)	예상건축비	추가건축비	세대별 추가분담금	종전자산 합계	종후 자산합계			
	25,433,000,000	7,670,000	96,543,000,000	71,110,000,000	173,500,000	41,000,000,000	156,633,000,000			
	비례율	개인별권리가액	추가분담금		예상수익금매/사업기간	예상수익률(100% 지분)	예상수익률(대출)			
	147	146,570,000	320,000,000	173,430,000	126,570,000	126.57%	253.14%			
빅데이터 활용	K-Geo플랫폼(토지/주택)	씨:리얼(토지/주택)	네이버 부동산	KB시세	부동산지인	리치고	호갱노노	아실	더스탭(앱)	

아파트(분양권) **가치평가**

(출처 : 저자 작성)

첫째, 아파트의 가치는 주로 토지 공시가격과 개별주택가격을 기준으로 산정합니다. 이를 통해 아파트 시장의 현재 가치를 정확히 파악할 수 있습니다. 예를 들어, KB부동산에서는 KB시세와 AI 추정가를 활용해 시장 동향을 분석하고, 미래가격도 예측할 수 있습니다.

둘째, 임대수익률은 부동산에 투자한 비용 대비, 얼마만큼의 수익이 발생하는지를 나타내는 수치입니다. 아파트보다는 오피스텔, 상가 등의 임대수익형 부동산에서 자주 사용하는 용어로, 수익형 부동산 취득 시 반드시 검토해야 할 지표입니다.

셋째, 분양권 가치 예측은 인근 비슷한 입지의 아파트와 신규 분양하는 아파트를 비교해 미래 가치를 예측하고 예상 수익을 판단할 때 도움이 됩니다. 이 과정에서는 공시지가의 상승률과 건물 감가 등을 반영해 평가합니다.

넷째, 가로주택 정비사업은 토지면적, 용도지역, 건폐율, 조합 총 세대수 등의 요소로 수익성을 평가합니다. 이러한 평가를 통해 투자자는 특정 사업이나 프로젝트의 잠재적인 수익을 더욱 정확히 예측할 수 있습니다.

18

아파트와 관련된 세금 쉽게 이해하기

부동산 투자 시 고려해야 할 세금은 여러 가지가 있습니다. 취득세, 보유세, 양도세 등 다양한 세금이 부동산 거래 시점에 따라 발생합니다. 이번에는 투자 시점별로 각각의 세금을 간단하게 알아보겠습니다.

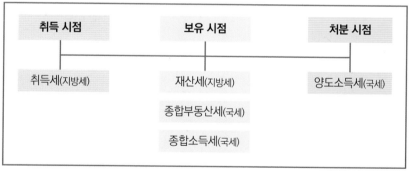

취득 시점	보유 시점	처분 시점
취득세(지방세)	재산세(지방세)	양도소득세(국세)
	종합부동산세(국세)	
	종합소득세(국세)	

국세 신고 안내 (출처 : 국세청)

취득 시점에서는 취득세(지방세)가 부과됩니다. 주택, 건물, 토지 등을 취득할 때 해당하는 지방세로 매매, 증여, 건축 등의 행위에 따라 발생합니다. 취득세는 주택 수에 따라 세율이 다르며, 더 높은 세율이 적용

될 수도 있습니다. 반면 출산 자녀 취득세 감면 등의 특례도 활용하면 세금 부담을 완화할 수도 있습니다.

(단위 : %)

지역	1주택	2주택	3주택	법인·4주택↑
조정대상지역 (강남, 서초, 송파 용산)	1~3 6억 원 이하 1, 6~9억 원 1~3, 9억 원 초과 3 [(취득가액 × 2/3억 원)-3) × 1%]	8 → 1~3	12 → 6	12 → 6
비조정대상지역		1~3	8 → 4	12 → 6

취득세 중과 완화 방안(2022. 12. 21) (출처 : 행정안전부)

 절약 tip

아파트 셀프등기 하는 방법

아파트 셀프등기를 할 경우, 필요한 서류와 절차에 대해 알아보겠습니다.

① 시청(구청) 방문
• 시청(구청)을 방문해 취득세를 납부합니다. 이때 은행 통장이나 현금카드가 필요합니다.
• 취득세 신고서와 주택취득 상세 명세서를 작성하고 제출합니다.
• 부동산(아파트) 매매계약서, 주민등록등본, 부동산 거래계약 신고필증, 가족관계증명서(본인과 배우자 각각 1통)를 준비해 사본을 제출합니다.

② 은행 방문
• 채권매입, 인지세, 등기신청수수료 납부

③ 법원 등기소 방문
• 소유권 이전 등기 신청서(매매)를 작성하고 법원 등기소에 제출합니다.

또한, 부동산(아파트) 매매 계약서, 취득세 영수필확인서, 주민등록등본(초본), 부동산 거래계약 신고필증, 가족관계증명서(본인과 배우자 각각 1통), 수입인지, 국민주택채권 매입, 등기신청 수수료 영수필확인서, 매도인 등기필 정보, 매도용 인감증명서, 위임장(매도자 인감 날인), 토지대장 등본(대지권 등록부) 2통(등기명의인 확인), 집합건축물대장 등본 등을 준비해서 함께 법원에 제출해야 합니다.

소유권 이전등기신청(매매) 양식　　　　　　　**등기 위임장 양식**

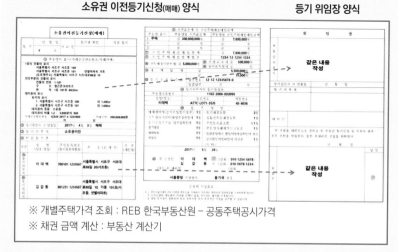

※ 개별주택가격 조회 : REB 한국부동산원 - 공동주택공시가격
※ 채권 금액 계산 : 부동산 계산기

(출처 : 인터넷 등기소, 자료센터 소유권보존등기신청 양식)

　보유 시점에서는 재산세와 종합부동산세, 종합소득세가 있습니다. 재산세는 매년 6월 1일 기준으로 부동산의 공시가격에 따라 부과됩니다.
　이는 지방세로, 부동산 소유자에게 부과되는 세금입니다.
　종합부동산세는 매년 6월 1일을 기준으로 국내 모든 부동산을 종합적으로 고려해 부과됩니다. 또한 종합소득세는 5월 말까지 신고 후 납부해야 합니다.
　이들 세금은 각각의 과세 기준일에 따라 세부 사항이 달라지므로 정확한 납부 시기와 세금 관리가 필요합니다.

절약 tip

종합부동산세를 줄이는 방법
1. **공동명의**로 주택을 소유하면 개별 소유 부분만 종부세가 부과됩니다. 공동명 의는 공시가 18억 원(각각 9억 원) 이하까지 공제받을 수 있습니다.
2. **임대주택을 등록**하고 공시가 6억 원 이하, 비수도권은 3억 원 이하, 의무 임 대 기간을 준수하고 임대료 5% 증액 제한 등의 요건을 만족하면 종부세 합산 배제 혜택을 받을 수 있습니다.
3. **종합부동산세 납부 기한을 준수**해 가산세와 이자 부과를 피하는 것이 중요합 니다.

처분 시점에서 양도소득세가 부과됩니다. 이는 부동산 등을 양도할 때 발생하는 이익에 대해 부과되는 세금으로, 재산 처분으로 인한 자본 이득에 대한 과세를 목적으로 합니다. 양도소득세는 양도차익에서 취 득비용 및 필요경비를 공제한 후 계산합니다. 보유 기간에 따라 장기보 유특별공제를 받을 수 있으며, 보유 기간에 따라 공제율이 높아집니다.

세율은 양도소득금액에 따라 구간별로 적용되며, 특정 조건을 만족하 면 양도소득세가 비과세되거나 감면될 수 있습니다. 예를 들어, 1세대 1주택 비과세, 농지 감면 등 다양한 정책적 목적에 따라 적용됩니다. 양 도소득세는 양도일이 속하는 달의 말일부터 2개월 이내 세무서에 신고 하고 납부해야 합니다.

양도세 세액계산 흐름도에 대해서 더 알아보겠습니다.

구분	세액계산 흐름도
양도가액	· 부동산 등의 양도 당시 실거래가액
양도차익	· 양도가액 – 취득가액 – 필요경비 ＊ 실가 : 필요경비 설비비·개량비, 자본적 지출액, 양도비 　매매사례가액, 감정가액, 환산취득가액은 기준시가의 3% 적용

장기보유특별공제:

· 장기보유특별공제율(2021. 1. 1~)
＊ 3년 이상 보유한 1세대 1주택

보유 기간(년)		2~3	3~4	4~5	5~6	6~7	7~8	8~9	9~10	10년 이상
공제율(%)	보유 기간	–	12	16	20	24	28	32	36	**40%**
	거주 기간	8								

※ 거주 기간 2년 이상 3년 미만인 경우 보유 기간 3년 이상에 한정
＊ 토지·건물, 조합원 입주권(승계 취득한 경우는 제외)

보유기간(년)	2~3	3~4	4~5	5~6	6~7	7~8	8~9	9~10	10~11	11~12	12~13	13~14	15년 이상
공제율(%)	6	8	10	12	14	16	18	20	22	24	26	28	**30%**

구분	세액계산 흐름도
양도소득 과세표준	· 양도소득금액(양도차익–장기보유특별공제) – [감면 대상 소득금액(미분양주택, 신축주택) + 양도소득 기본공제(250만 원)]

산출 세액:

· 양도소득과세표준 × 세율

기본세율(2023년 이후~)			부동산, 부동산에 관한 권리, 기타자산		
과표	세율(%)	누진공제	자산	구 분	2022.5.10 ~
1,400만 원 이하	6	–	토지·건물, 부동산에 관한 권리	보유 기간 / 1년 미만	50%(70%)
5,000만 원 이하	15	126만 원		2년 미만	40%(60%)
8,800만 원 이하	24	576만 원		2년 이상	기본세율
1.5억 원 이하	35	1,544만 원		분양권	60%(70%)
3억 원 이하	38	1,994만 원		1세대 2주택 이상 (1주택과 1조합원 입주권·분양권 포함)	기본세율
5억 원 이하	40	2,594만 원		1세대 3주택 이상 (주택+조합원 입주권+분양권 합이 3 이상 포함)	
10억 원 이하	42	3,594만 원		비사업용 토지	보유 기간별 세율 (단, 지정지역 ☞ 기본세율 10%p)
10억 원 초과	45	6,594만 원		미등기양도자산	70%
				기타자산	기본세율

구분	세액계산 흐름도
자진 납부할 세액	**· 산출 세액 – (세액공제 + 감면 세액)**

양도소득세는 조세 정책적 목적으로 비과세되거나 감면됩니다.

구분	비과세 및 감면
비과세되는 경우	양도일 현재 국내에 1세대가 1주택을 보유하고 있는 경우로서 2년 이상 보유한 경우(조정대상지역 제외)에는 양도소득세가 과세되지 않습니다. · 양도 당시 실거래가액이 12억 원을 초과하는 고가주택은 제외됩니다. · 2017년 8월 3일 이후 취득 당시 조정대상지역에 있는 주택은 거주기간이 2년 이상이어야 합니다. · 주택에 딸린 토지가 도시지역 안에 있으면 주택 정착 면적의 5배(수도권 내 주거·상업·공업지역은 3배)까지, 도시지역 밖에 있으면 10배까지를 양도소득세가 과세되지 않는 1세대 1주택의 범위로 봅니다.
감면되는 경우	장기임대주택, 신축 주택취득, 공공사업용 토지, 8년 이상 자경농지 등의 경우 감면 요건을 충족한 때에는 양도소득세가 감면됩니다.

양도소득세의 과세 대상   (출처 : 국세청)

다주택자에 대한 양도소득세 중과가 한시적으로 배제됩니다.

구분		'소득세법 시행령' 개정
다주택자에 대한 양도소득세 중과 한시 배제	적용 시기	· 다주택자가 조정대상지역 내 2년 이상 보유 주택 양도 시 양도세 중과 제외 대상에 추가 · 2022.5.10 ~ 2025.5.9 양도분
	대상	· 수도권·광역시·특별자치시 외 지역의 3억 원 이하 주택, 조합원 입주권 장기임대주택 등 · 장기 사원용 주택, 장기어린이집, 상속 주택, 문화재 주택 등 · 동거 봉양, 혼인, 취학, 근무, 질병 등 사유로 인한 일시적 2주택 등
1세대 1주택 양도 소득세 비과세 보유·거주기간 재 기산 제도 폐지		1세대 1주택 양도세 비과세 (대상) 1세대가 양도일 현재 국내에 보유하고 있는 1주택 (요건) 2년 이상 보유 - 조정대상지역 내 주택(2017년 8월 3일 이후 취득)의 경우 보유 기간 중 2년 이상 거주

이사 등으로 인한
일시적
1세대 2주택
비과세 요건 완화
	– 조정대상지역 내
	  * 일시적 1세대 2주택 비과세 요건
	  * 종전 주택과 신규 주택 모두 조정대상지역 내인 경우
	  ① **신규 주택 취득 : 종전 주택 취득일부터 1년 이상 경과 후**
	  ② **종전 주택 양도 : 신규 주택 취득일부터 3년 이내**
	  (적용 시기) 2023년 1월 12일 이후 양도하는 분부터 적용

양도소득세 중과 한시 배제 등   (출처 : 국세청)

19 아파트와 관련된 다양한 세금 절약 방법

부동산 투자에서 세금을 최적화하는 방법에 대해 알아보겠습니다. 세금을 최적화하는 것은 투자 수익을 극대화하는 데 필수 요소입니다. 이를 위해 양도소득세 비과세 제도를 활용하는 방법과 기타 전략들을 살펴보겠습니다.

첫째, 양도세 비과세를 활용하는 방법에는 거주자인 1세대가 국내에 1주택을 소유해야 하며, 부부가 떨어져 지내더라도 1세대로 간주합니다. 또한, 상속받은 주택과 원래 가지고 있던 비과세 요건을 충족한 주택이 있으면 일반주택을 먼저 팔면 비과세를 적용받을 수 있습니다. 보유 기간은 2년 이상이어야 하며, 양도가격은 12억 원 이하일 때 비과세되고, 12억 원을 초과한 금액에 대해서는 일반과세 됩니다.

일시적 1세대 2주택은 한 가구에서 2개의 주택을 보유하고 있는 경우를 말합니다. 이 경우, 일정 기간 내에 1개의 주택을 매도하면 '일시적' 2주택으로 간주되어 양도소득세 비과세 혜택을 받을 수 있습니다. 조합원 입주권이 비과세되는 특례는 철거되기 전 기존주택을 2년 이상 보유하고 양도일 현재 동일 세대원을 포함해 무주택 상태여야 하며, 양도할 주택의 실거래가액이 12억 원을 초과하지 않는 경우 전액 비과세 혜택을 볼 수 있습니다.

임대 주택사업자의 장기임대주택 또는 가정어린이집과 2년 이상 거주한 주택은 양도소득세 비과세 혜택을 받을 수 있습니다. 1가구가 보유한 1주택을 민간임대주택 등록 시 2년의 거주 기간 제한을 받지 않으며, 2019년 2월 12일 이후 취득 시 비과세 혜택은 평생 1회로 제한됩니다. 부동산 투자에서 손실이 발생한 경우, 이를 다른 수익이 발생한 부동산과 합산해 세금을 최소화할 수 있습니다. 예를 들어, 손해를 본 상가나 사무실을 매도하고 수익을 본 아파트를 같은 해에 매도해 양도세를 차감할 수 있습니다.

둘째, 매도 순서도 중요합니다. 미래 가치가 떨어지는 부동산을 우선 매도하고 양도차익이 큰 조정지역은 마지막에 매도하는 것이 투자 수익을 높이는 방법입니다. 하지만 아파트 거래가 많으면 간주 매매사업자가 될 수 있어 주의해야 합니다.

구분	간주 매매사업자
정의	부동산 매매 또는 그 중개를 사업 목적으로 부동산을 판매하는 사업
대상 / 부가세	**85㎡ 초과 주택**에 붙는 세금, **건물가격의 10%**(양도차익과 별개)
과세 기준	**1 과세 기간 중 1회 이상 부동산을 취득하고 2회 이상 매도** ※ 1 과세 기간 : 6개월(전·하반기)
유의 사항	주택을 여러 건 매도 시 유의 사항 · 자금출처 유의 : 전반기 매수 3, 매도 1, 하반기 매수 2 · 합산과세 유의 : 전반기 매도 3, 하반기 매도 2 · 매매사업자 간주 : 전반기 매수 2, 매도 2, 하반기 매수 1, 매도 2

부가가치세법 시행 규칙   (출처 : 법령)

관리비, 유지비, 보험료 등은 세금 공제 대상이며, 정확히 기록하는 것이 중요합니다. 또한, 부동산 양도 시 필요경비를 공제할 수 있습니다. 필요경비는 부동산 매매와 관련된 비용으로 등기 이전 수수료, 중개 수수료, 개조 비용 등을 포함합니다. 이 비용을 적절히 처리해 양도세를 절약할 수 있습니다.

구분		필요경비 세부 항목
인정	취득 시 비용	취득세, 등록세, 인지세, 법무사비, 취득 중개수수료, 변호사 비용, 국민주택채권 매각 차손, 컨설팅비, 매수자 부담 양도소득세 등
	양도 시 비용	양도 중개수수료, 세무사 양도소득세 신고 수수료 ※ 중개수수료 영수증 분실 시: 계좌이체 내용으로 증빙 가능 　단, 내용기록 방법(○○ 아파트 중개수수료)
	수리 시 비용	발코니 확장, 새시/바닥공사, 난방/보일러 교체, 상하수도/배관, 자바라/방범창 설치, 방 확장공사 등
인정 X		대출금 이자, 명도비용, 벽지, 장판, 주방 기구 교체, 외벽 도색, 옥상 방수, 타일/변기 공사비, 보일러 수리, 매매계약 해약으로 인한 위약금, 기타 소모성 경비

세심한 생활정보 필요경비 공제　　　　　　　　　　　　　　　　(출처 : 국세청)

셋째, 분양권 상태에서 지분을 부부 사이에 증여할 수도 있습니다. 예를 들어, 분양받은 아파트가 프리미엄이 형성되어 가격이 오른 경우 6억 원까지 증여해 양도세를 절약할 수 있습니다. 또한, 증여와 상속 시 세금 절약의 핵심은 사전 준비와 전략적 접근입니다. 상속 10년 전에 미리 증여하면 누진세율 적용을 피할 수 있습니다. 예를 들어, 20억 원 중 10억 원을 미리 증여하면 세금을 크게 절약할 수 있습니다. 또한, 여러 명에게 분산 증여하면 세금 부담이 줄어듭니다. 증여 시기는 빠를수록 유리합니다. 미래 가치가 높을 것으로 예상되는 자산을 우선 증여하는 것도 좋은 전략입니다. 월정액 분할 증여 방식을 활용하면 일시금 증여보다 세금을 크게 줄일 수 있습니다. 마지막으로, 손자녀에게도 분산 증여하면 더 많은 세금을 절약할 수 있으니, 세대를 뛰어넘는 증여 전략을 고려해보세요.

증여 및 상속공제 비교

관계	증여공제	상속공제
배우자	6억 원(10년간)	최소 5억 원, 최대 30억 원
직계비속	5,000만 원(10년간)	1인당 5억 원
직계존속	5,000만 원(10년간, 성인 기준) 5,000만 원(10년간, 미성년자 기준)	1인당 5,000만 원
기타 친족	1,000만 원 (10년간, 6촌 이내 혈족, 4촌 이내 인척)	1인당 5,000만 원(형제자매 한정)

2024년 세법개정안   (출처 : 기획재정부)

증여(상속) 세율(2024년 1월 1일 이후부터 적용)

과세표준	2억 원 이하	5억 원 이하	10억 원 이하	10억 원 초과
세율	10%	20%	30%	40%
누진 공제액	없음	2,000만 원	7,000만 원	1억 7,000만 원

2024년 세법 개정안   (출처 : 기획재정부)

증여 시 절세 예시

구분		2주택자 가족의 절세 비교(약 93,910,000원 절세)			
단독 명의	문제	분양가격이 7억 원인 아파트를 단독명의로 등기하고 5년 후에 12억 원으로 매도 시 발생하는 세금을 계산해보겠습니다.			
	정답	취득세	12,860,000원	양도세	167,000,000원
분양권 증여	문제	공동명의(남편 지분 90% : 아내 지분 10%) 아파트 분양가격 7억 원을 중도금 대출을 받고, 입주 시 프리미엄을 포함해 10억 원인 분양권을 아내에게 60%(6억 원)의 지분을 증여했습니다. 5년 후 12억 원에 매도 시 발생하는 세금을 계산해보겠습니다.(2023년 이후 증여분은 10년)			
	정답	증여세 0원	취득세 13,150,000원	양도세	72,800,000원

(출처 : 부동산 계산기 활용 세금 계산)

부동산 처분 시 가장 큰 금액을 차지하는 양도세를 절약해야 합니다. 예를 들어, 분양권을 취득할 때 공동명의 비율을 조정해 양도세를 줄일 수 있습니다(예: 5:5, 9:1, 3:7 등). 분양권인 상태로 증여할 때, 프리미엄 상승가격으로 지분을 증여해 양도세 부담을 줄일 수 있습니다. 또한, 남편이 보유한 지분 중 60%를 아내에게 증여해도 남편에게는 30%가 남아 있어 대출 승계는 안 해도 됩니다.

분양권 증여 시 필요한 서류는 분양계약서, 증여계약서, 국토교통부 실거래가 자료 또는 네이버 부동산 시세가격 캡처본, 신분증, 인감도장입니다.

넷째, 명의 분산(공동명의)을 함으로써 양도세를 줄일 수 있습니다. 예를 들어, 배우자와 함께 부동산을 공동명의로 소유해 양도소득세를 절감시킬 수 있습니다. 또한 부모나 형제, 성인 자녀에게 분양권이나 입주권에 대해 투자 조언을 하는 것도 중요합니다(물고기를 잡는 방법).

다섯째, 장기보유특별공제를 활용하면 부동산 보유 기간에 따라 양도차익 일부를 공제받을 수 있습니다. 1세대 1주택에 한해서 10년 이상 보유 시에는 양도차익의 최대 40%까지 공제받을 수 있습니다.

여섯째, 부담부 증여와 일반 증여를 비교해보겠습니다. 예를 들어, 2주택자가 5년 동안 보유한 아파트를 성인 자녀에게 부담부 증여와 일반 증여를 할 때는 세금 차이가 발생합니다. 다음 사례를 보면 부담부 증여를 활용할 때 약 4,800만 원이 절약됨을 알 수 있습니다.

구분	부담부 증여와 일반 증여 비교			
문제	2주택자가 5년 보유한 아파트를 성인 자녀(혼인·출산)에게 증여 시 세금은? – 취득가 4억 원(기준시가 2.4억 원), 현 시세 6억 원(기준시가 3.6억), 전세 4억 원			
부담부 증여	증여세 – 수증자	4,850,000원	양도소득세- 증여자	17,088,500원
	취득세 – 수증자	30,271,830원	부담부 증여 계	52,210,330원
일반 증여	증여세	77,600,000원	일반 증여 계	100,400,000원
	취득세	22,800,000원	부담부– 일반 증여 차액	**–48,189,670원**

(출처 : 부동산 계산기 활용 세금 계산)

일곱째, 가족 간 부동산 거래 시 가장 중요한 것은 시가를 기준으로 가격을 판단하는 것입니다. 시가는 해당 자산의 객관적인 시장 가치를 의미하며, 이는 감정평가, 실거래가 참고, 국세청 기준시가 등을 통해 판단할 수 있습니다.

거래할 때 주의할 점은 적정가격 설정, 증여세 회피 의심 방지, 실제 거래 증명, 그리고 자금 출처 증명입니다. 특히 시세와 거래가액의 차이가 큰 경우 세금 문제가 발생할 수 있으므로 주의가 필요합니다. 저가 양도의 경우, 시가의 30% 이내 또는 3억 원 이하 차이는 증여세가 과세되지 않습니다. 그러나 이를 초과하는 경우, 차액에 대해 증여세가 부과될 수 있습니다.

매매계약서 작성과 자금조달계획서 작성은 물론, 계약금부터 중도금, 잔금일까지 정확히 기록해야 합니다. 또한, 국토교통부 실거래가를 정확히 신고하는 것도 중요한 절차입니다. 가족 간 부동산 매매는 증여로 추정될 수 있으므로 소득, 나이, 재산 상태 등을 먼저 확인해 가족 간 매매를 진행하고, 통장 거래 내용도 필수로 증명해야 합니다.

CHAPTER

05

모르면 망하고,
알면 3대까지 부자 되는
부동산 투자 비법

부동산 투자에서 정보를 얼마나 잘 활용하느냐에 따라 성공 여부는 크게 좌우됩니다. CHAPTER 05에서는 다양한 부동산 종류별로 투자 방법을 제시하며, 특히 상가 투자와 그 특징에 대해 면밀히 분석합니다. 또한, 용도 변경을 통해 수익 극대화와 토지 투자 관련 전략도 다루며, 시세 차익과 임대 수익의 비교를 통해 효과적인 투자 결정을 도와줍니다. 마지막으로, 다양한 부동산을 가치평가해서 종합적인 투자 관점을 제공합니다.

01 부동산 종류별 투자 방법

부동산은 종류별 투자 수익률이 달라 각각 다른 관점으로 매매를 고려해야 합니다. 다음과 같이 부동산 종류별 투자 방법에 대해 알아보겠습니다.

종류		투자 방법		
★아파트		매수·매도 타이밍, 재건축 가능		
★단독주택		재개발, 자율주택·가로주택 정비사업, 노후도 고려	입주권	주택연금
다가구주택				-
다세대주택, 연립주택, 빌라			-	
상가주택		리모델링, 용도변경(허가, 신고, 기재 변경)		
★상가, 빌딩				
★공장, 창고				
★토지	농지, 전, 답, 과수원	경·공매 투자, 지목·형질변경, 맹지 탈출, 합필, 분필, 지분 투자, 객토(성토·절토), 농지 연금		
	임야	토지 임야, 암산, 토산, 준보전산지 개발행위 및 건축		
	용도지역 변경	1종 ⇨ 준주거, 역세권 용적률 상향		

부동산 종류별 투자 방법   (출처 : 저자 작성)

아파트 투자를 할 때는 크게 2가지 접근 방식이 있습니다. 첫째, 단기 전략으로 시장 변동성을 활용한 매수·매도 타이밍 투자입니다. 이는 부동산 시장의 흐름을 잘 파악해 저점에 매수하고 고점에 매도하는 방식입니다. 둘째, 장기 전략으로 재건축 가능성이 있는 아파트를 선택하는 것입니다. 이는 시간이 지남에 따라 재건축을 통해 큰 폭의 가치 상승을 기대할 수 있습니다. 아파트 투자를 할 때는 시장 동향과 정부 정책을 주시해야 하며 입지, 학군, 교통 등 가치 상승 요인을 종합적으로 고려해야 합니다.

단독주택, 다세대주택, 연립주택, 빌라 등을 이용한 재개발 투자는 노후화된 부동산을 재건축해 가치를 높이는 방법입니다. 또한, 자율주택·가로주택 정비사업에 참여해 주택이나 주변 환경을 개선함으로써 가치를 상승시킬 수 있습니다. 재개발이나 재건축 사업의 입주권을 확보해 미래의 가치 상승을 노릴 수도 있습니다. 이러한 투자를 할 때는 지역 개발계획을 반드시 확인해야 하며, 건물의 노후도와 구조적 안전성을 꼼꼼히 점검해야 합니다.

상가주택, 상가, 빌딩, 공장, 창고 등의 투자는 주로 2가지 방법으로 나눌 수 있습니다. 첫째는 리모델링입니다. 이는 부동산을 개선해서 임대수익을 극대화할 수 있고, 공실률도 낮출 수 있습니다. 둘째는, 용도변경입니다. 부동산의 용도를 수익성이 더 높은 용도로 변경해 가치를 상승시키는 방법입니다. 예를 들어, 주거용 건물을 상업용으로 변경하는 것입니다. 이러한 투자를 할 때는 상권 분석과 유동 인구 조사가 필수이며, 용도변경 시에는 관련 법규를 반드시 확인해야 합니다.

토지 투자는 여러 가지 방법이 있습니다. 경매나 공매를 통해 토지를 저렴하게 구매하는 방법이 있습니다. 또한, 지목·형질변경을 통해 토지 용도를 변경해 가치를 높일 수 있습니다. 맹지 탈출은 도로와 연결되지 않은 토지에 도로를 연결해 가치를 높이는 방법입니다. 합필이나 분필을 통해 토지의 형태를 개선해 활용도를 높일 수도 있습니다. 지분 투자는 소액으로도 토지 투자에 참여할 수 있는 방법이며, 객토(성토·절토)를 통해 토지의 상태를 개선할 수도 있습니다. 토지 투자 시에는 해당 토지의 이용 규제 사항을 반드시 확인해야 하며, 주변 지역의 개발계획과 인프라 변화를 예측하는 것이 중요합니다

임야 투자는 주로 개발 가능성에 초점을 맞춥니다. 임야, 암산, 토산, 준보전산지 등 임야의 유형별 특성을 파악하고, 향후 개발계획에 따른 가치 상승을 기대하는 장기 투자의 성격이 강합니다. 임야 투자 시에는 산지관리법 등 관련 법규를 숙지해야 하며, 접근성과 주변 지역의 개발계획을 확인하는 것이 중요합니다.

02

상과 벌이 확실한
상가 투자

　　상가란 상업적인 목적으로 사용되는 공간을 말합니다. 상가는 상권이 형성된 지역에서 주로 운영되며, 임대료 수익과 미래 투자 가치를 고려해 투자할 수 있는 부동산 유형 중 하나입니다.

　　상가는 성공과 실패가 확연히 갈리는 투자 대상입니다. 성공한 상가와 망한 상가를 구분하는 주요 요소들을 살펴보겠습니다.

　　성공한 상가는 중심상가와 같이 유동 인구가 많은 지역에 위치하며, 토지 지분이 높고 공시지가가 급상승하는 곳에 있습니다. 또한, 재건축 시 아파트 분양권이나 상가를 받을 수 있는 단지 내 상가가 성공 확률이 높습니다. 주변에는 법원, 대형학원, 백화점, 스타필드, 증권사나 은행, 병원 등 다양한 주요 시설이 밀집해 있는 경우가 많습니다. 이러한 상가는 높은 수익률을 자랑하며 공실이 거의 없습니다. 크기가 적절하고 다양한 업종이 입점할 수 있으며, 깔끔하고 현대적인 인테리어로 고객을 끌어들입니다. 효과적인 마케팅과 친절한 서비스도 성공의 중요한 요소입니다. 경험 있는 사업자가 효율적으로 운영하지만 초보자도 간접 경험과 상권분석 정보를 활용하면 성공할 가능성이 큽니다.

구분	성공한(상) 상가	망한(벌) 상가
위치	중심상가, 유동 인구가 많은 지역	외진 곳, 유동 인구가 적은 지역
토지	지분이 높고, 공시지가가 많이 상승하는 지역, 재건축 시 분양권을 받을 수 있는 단지 내 상가	토지 지분이 적은 상가, 공시지가의 상승이 미미한 지역
주변 시설	법원(법조타운), 대형학원, 백화점, 스타필드, 증권 및 은행, 병원 등 주변 시설이 다양함	주변 시설이 부족하고, 신도시 초창기로 공급과 공실이 많은 곳
임대료와 월세	수익률이 높고 공실이 없음	수익률이 낮고 공실이 자주 발생
상가 크기	적절한 크기, 다양한 업종 입점	너무 크거나 작음, 업종 선택 제한
인테리어와 청결도	깔끔하고 현대적인 인테리어	낡고 지저분한 인테리어
마케팅과 서비스	효과적인 마케팅, 친절한 서비스	마케팅 부족, 서비스 불만족
경영 노하우	경험 있는 사업자, 효율적인 운영	경험이 부족, 경영 미숙
상권발달	상권이 발달한 지역 선택	상권이 불확실한 지역 선택
이미지		

(출처 : 저자 작성)

반면, 망한 상가는 외진 곳이나 유동 인구가 적은 지역에 위치하며, 토지 지분이 적고 공시지가 상승이 미미한 지역에 있습니다. 주변 시설이 부족하고 신도시 초창기 단계로 공급 과잉과 공실이 많은 곳이 대표적입니다. 이러한 상가는 수익률이 낮고 공실이 자주 발생합니다. 상가 크기가 너무 크거나 작아 업종 선택에 제한이 있으며, 낡고 지저분한 인테리어로 인해 고객의 발길이 뜸합니다. 마케팅 부족과 서비스 불만족도 문제점입니다. 경영 경험이 부족한 사업자가 미숙하게 운영할 수 있으며, 상권이 불확실한 지역의 상가는 실패할 가능성이 큽니다.

상가 종류별 특징과 투자 포인트

03

다양한 형태의 상가는 각각의 고유한 특성과 장단점을 지니고 있습니다. 이를 이해하고 적절한 투자 전략을 세우는 것이 성공적인 상가 투자의 핵심입니다. 다음은 4가지 주요 상가 유형에 대해 알아보겠습니다.

첫째, 단지 내 상가는 아파트 단지 내에 위치하며, 주거 공간과 함께 다양한 생활시설, 구매시설, 교육시설 등이 입점할 수 있는 공간입니다. 이러한 상가의 가장 큰 장점은 안정적인 수요층을 확보할 수 있다는 점입니다. 이는 투자자들에게 매력적인 요소로 작용합니다.

성공적인 단지 내 상가 투자를 위해서는 몇 가지 중요한 포인트를 고려해야 합니다. 먼저, 세대수와 상가 수의 비율을 확인해야 합니다. 이상적으로는 1,000세대 이상의 단지에 15개 이하의 상가가 있는 곳을 선택하는 것이 좋습니다. 이는 안정적인 수요와 적절한 경쟁 환경을 보장합니다. 또한, 출입구가 적은 상가가 오히려 유리한데, 이는 고객들의 동선을 단순화해 매출 증대에 도움을 줄 수 있기 때문입니다. 상가 면적은 중소형 평형이 많은 곳이 선호되며, 대형할인마트나 기업형 슈퍼마켓이 없는 곳을 선택하는 것이 소상공인들의 경쟁력을 보장할 수 있습니다.

신축상가는 월세 책정이 용이하고 장기적인 수익 안정성을 높일 수 있어 투자를 선호합니다. 또한, 공실 여부와 코너 상가의 위치도 고려해야 합니다.

둘째, 근린상가는 일상생활에 필요한 다양한 상점들이 모여 있는 상업지역을 의미합니다. 주로 주택가 밀집 지역에 위치하며, 일상생활에 필수적인 다양한 업종들이 입점할 수 있습니다. 일반적으로 5층 규모로 구성됩니다.

근린상가는 제1종과 2종 근린생활시설로 구분되며, 이에 따라 입점 가능한 업종이 달라집니다. 소매점, 휴게음식점, 제과점, 미용실, 목욕탕, 동네 병원 등이 대표적인 업종입니다. 각 지역의 특성에 따라 상가의 성격이 다양하게 나타나므로, 투자 시에는 해당 지역의 특성을 잘 파악하는 것이 중요합니다. 근린상가 투자 시에는 상가의 입지, 유동 인구, 업종 구성, 잠재적인 임대료 수익 등을 종합적으로 고려해야 합니다.

아파트 단지 내 상가	근린상가

(출처 : 소사벌 푸르지오 분양홈페이지, 하우빌드)

셋째, 복합상가(주상복합 상가)는 주택과 상가가 함께 있는 건물을 말합니다. 주로 주상복합 아파트나 오피스텔에 위치하며, 지하와 지상층에 상가가 배치되어 있습니다. 이러한 상가들은 대부분 지하철역이나 주요 교통 중심지 근처에 위치해 역세권의 이점을 누릴 수 있습니다. 주거 공간과 상업 공간이 공존하므로 주민들에게 편리한 생활을 제공하며, 다양한 업종이 입점할 수 있어 상권 형성에도 유리합니다.

넷째, 상가주택은 주거 공간과 상업 공간이 하나의 건물 안에 공존하는 독특한 형태입니다.

상가주택의 장점은 임대인이 상가와 주택을 동시에 활용해 수익을 창출할 수 있다는 점입니다. 또한, 주변 상가시설을 쉽게 이용할 수 있어 생활 편의성이 높습니다. 그러나 상권 형성이 부족한 경우 상가의 활용도가 떨어질 수 있고, 때로는 편의시설 이용이 제한될 수 있다는 단점도 있습니다. 상가주택 투자 시 주목할 점은 상가 부분의 월세가 주택에 비해 상대적으로 높다는 것입니다. 따라서 투자 결정 시 입지, 업종, 임대료 등을 종합적으로 고려해야 합니다.

결론적으로, 성공적인 상가 투자를 위해서는 각 상가 유형의 특성을 잘 이해하고, 해당 지역의 상권 분석, 유동 인구, 미래 발전 가능성 등을 종합적으로 고려해야 합니다. 신중한 분석과 전략적인 접근을 통해 안정적이고 수익성 높은 상가 투자가 가능할 것입니다.

복합상가(주상복합 상가)   **상가주택**

(출처 : 힐스테이트 고덕 센트럴 분양홈페이지, 하우빌드)

상가를 용도변경해서 수익 극대화하는 방법

04

상가 용도변경은 건물의 용도를 전략적으로 변경해 수익을 극대화하는 중요한 투자 전략입니다. 이는 주택을 상가나 다른 용도로 전환하는 과정을 포함하며, 성공적인 용도변경을 위해서는 몇 가지 중요한 절차와 준비가 필요합니다.

용도변경 절차의 첫 단계는 철저한 사전 조사입니다. 건축물이 위치한 지역의 관련 법규를 확인하고, 용도변경 가능 여부를 파악해야 합니다. 특히 변경하고자 하는 용도가 허가 대상인지, 신고 대상인지, 혹은 단순 표시 변경 대상인지를 구체적으로 확인해야 합니다. 이러한 정보는 관할 시청 또는 구청의 담당 부서에 문의해 얻을 수 있습니다. 또한, 용도변경 후에도 정화조 용량이 충분한지, 추가로 주차장이 더 필요한지 등의 실질적인 문제도 반드시 확인해야 합니다. 이러한 세부사항들이 용도변경의 실현 가능성과 비용에 큰 영향을 미칠 수 있기 때문입니다.

용도변경 절차는 다음과 같은 단계로 진행됩니다.

단계	설명
1. 사전 조사 및 준비	· 건축물 위치 지역의 관련 법규 확인 · 용도변경 가능 여부 파악(정화조, 주차장 중요)
2. 행정기관 방문 및 상담	· 행정기관을 방문해 용도변경에 관한 상담 요청 · 필요 서류 확인
3. 신청서 제출	· 용도변경 신청서 작성 및 제출 · 건축 도면 등 필수 서류 함께 제출
4. 심사 및 검토	· 제출된 서류를 기반으로 행정기관에서 심사 및 검토 진행
5. 승인 및 조건부 결정	· 용도변경 승인 여부 및 추가 조건 여부 결정
6. 건축작업 진행	· 승인 후 건축작업 시작 · 추가적인 심의나 검사 필요시 진행
7. 최종 승인 및 등록	· 작업 완료 후 최종 승인 및 등록 절차 완료

건축물 용도변경 절차 　　　　　　　　　　　　　　　(출처 : 찾기쉬운 생활법령정보)

　　상업지역의 토지 용도와 건폐율, 용적률 등의 규제 사항도 매우 중요합니다. 이러한 규제를 준수하지 않으면 불법 행위로 간주될 수 있으므로, 정확한 절차와 규제를 따라야 합니다. 따라서 관련 기관과의 지속적인 소통과 협의를 통해 모든 절차를 적법하게 진행하는 것이 필수입니다. 용도변경은 복잡하고 시간이 소요되는 과정이지만, 성공적으로 완료되면 상가의 가치와 수익성을 크게 높일 수 있습니다. 따라서 전문가의 조언을 구하고, 관련 법규와 절차를 준수하며, 장기적인 관점에서 신중하게 접근하는 것이 중요합니다. 이를 통해 상가 투자자들은 자산 가치의 극대화와 안정적인 수익 창출을 동시에 달성할 수 있을 것입니다.

　　상업 부동산 시장에서의 용도변경은 투자자들에게 큰 수익을 가져다주는 전략이 될 수 있습니다. 다음은 상가 용도변경을 통해 수익을 극대화한 몇 가지 성공 사례입니다.

한 투자자는 소비자들이 자주 찾는 핫플레이스에 위치한 낡은 주택을 구입해 이를 현대적인 식당가로 전환했습니다. 건물의 위치와 주변 상권 분석을 꼼꼼히 분석한 결과, 이 지역에 트렌디한 레스토랑이 부족하다는 것을 발견하고 시장 기회를 포착했습니다. 다른 한 투자자는 폐업한 호텔을 구입해 이를 고급 오피스텔로 용도변경 했습니다. 이 오피스텔은 비즈니스 중심지에 위치해 높은 임대 수요를 끌어모았고, 장기적으로 높은 수익률을 기록했습니다. 또 다른 투자자는 구도심의 오래된 창고를 구매한 후 이를 아트 스튜디오와 공방으로 탈바꿈시켰습니다. 이곳은 예술가와 창작자들을 위한 공간으로써 빠르게 커뮤니티의 중심지가 되었고, 다양한 문화 행사와 전시를 통해 지속적인 수익을 창출하게 되었습니다.

이러한 사례들은 상가 건물의 용도변경이 지역사회와 시장 변화에 대한 이해를 바탕으로 이루어질 때, 탁월한 재테크 수단이 될 수 있음을 보여줍니다. 각 사례에서 투자자들은 법적 절차, 건축적 변화, 그리고 상업적 통찰력을 바탕으로 투자를 진행해 큰 성공을 거두었습니다.

용도변경과 리모델링으로 수익을 극대화한 사례 (출처 : 저자 작성)

상가 투자 시 시세차익과 수익률 중 어디에 비중을 두어야 할까?

상가는 시세차익과 임대수익, 이 2가지를 동시에 얻을 수 있는 투자 방법입니다. 어디에 우선순위를 두어야 투자 가치가 높은지 자세히 알아보겠습니다.

상가 투자 시 핵심 요소 (출처 : 저자 작성)

첫째, 부동산 투자에서 성공의 열쇠는 시세차익을 올바르게 이해하고 활용하는 것입니다. 시세차익이란 부동산 가치의 변동으로 인한 이익을 의미하며, 구체적으로 상가를 매수한 가격과 매도한 가격의 차이를 말합니다. 간단한 공식으로 표현하면 다음과 같습니다.

> **시세차익 = 매도가격 − 매수가격**

이 공식은 단순해 보이지만, 실제로 높은 시세차익을 달성하는 것은 쉽지 않습니다. 그러나 시세차익이 높을수록 투자 수익이 커지기 때문에, 장기 투자에 매우 중요한 요소입니다. 그렇다면 어떻게 하면 시세차익을 높일 수 있을까요? 이를 위해서는 부동산 가치 상승의 요인을 잘 이해해야 합니다.

부동산의 가치를 상승시키는 주요 요인으로는 용도변경과 교통시설 개발을 들 수 있습니다. 먼저, 용도변경의 경우를 살펴보겠습니다. 주택이 상가나 사무실로 용도변경 되면 해당 부동산의 가치는 크게 상승할 수 있습니다. 왜냐하면, 상가는 주택보다 높은 임대료를 받을 수 있어 투자자들이 더 높은 가격으로 해당 부동산을 구매하려고 하기 때문입니다.

다음으로, 교통시설 개발도 부동산 가치 상승에 큰 영향을 미칩니다. 새로운 지하철이나 버스 정류장과 같은 교통시설이 개발되면 해당 지역의 접근성이 크게 향상됩니다. 이렇게 개발된 지역이 자리 잡는 데는 보통 4~20년 정도가 걸리는데, 이 기간 동안 더 많은 사람이 해당 지역을 이용하게 되면서 상업시설의 수요가 증가하고, 결과적으로 부동산 가치가 상승하게 됩니다. 이러한 현상의 대표적인 예로 서울의 강남지역을 들 수 있습니다. 강남지역은 지속적인 개발과 용도변경으로 인해 부동산 가치가 꾸준히 상승해왔습니다. 특히 신분당선과 같은 새로운 교통시설의 개발은 주변 부동산의 가치를 크게 끌어올리는 역할을 했습니다.

또한, 부동산 투자에서 토지는 매우 중요한 요소입니다. 토지 투자 시 고려해야 할 핵심 요소 중 가장 중요한 것은 토지의 면적, 즉 지분입니다. 상가 투자 시 수익률도 중요하지만, 더 많은 시세차익을 얻기 위해서는 넓은 지분을 보유한 토지에 투자하는 것이 유리합니다. 또한, 토지의 위치를 평가할 때는 주변 시설, 교통 접근성, 인구 밀도 등을 종합적으로 고려해야 합니다. 이러한 요소들이 토지의 가치를 결정하는 중요한 기준이 되기 때문입니다.

마지막으로, 해당 지역의 공시지가 상승률을 확인하는 것도 매우 중요합니다. 공시지가는 정부에서 공개하는 지표로, 토지의 가치 변동을 잘 반영합니다. 특히 **공시지가가 10년 동안 2배 이상 상승한 지역은 투자 가치가 높을 가능성이 큽니다.**

둘째, 시세차익과 더불어 부동산 투자의 또 다른 중요한 요소는 임대수익입니다. 임대수익률은 상가나 부동산을 임대해서 얻는 수익의 효율성을 측정하는 지표로, 다음과 같은 공식으로 계산합니다.

수익률 = 임대수익 / 투자 금액 × 100

임대수익률은 지역에 따라 큰 차이를 보입니다. 서울의 경우, 공시지가가 높아 임대수익률이 약 4%로 상대적으로 낮지만, 부동산 가치 상승으로 인한 시세차익은 크게 기대할 수 있습니다. 경기지역은 임대수익률이 약 5%로 서울보다는 높지만, 공시지가 상승률은 다소 낮아 임대수익과 부동산 가치 상승을 균형 있게 기대할 수 있습니다. 지방의 경우 임대수익률이 약 6% 이상으로 높지만, 공시지가 상승률은 상대적으로 낮아 임대수익을 중시하는 투자자에게 유리합니다.

결론적으로, 성공적인 부동산 투자를 위해서는 시세차익과 임대수익을 모두 고려해야 합니다. 각 지역의 특성을 잘 파악하고, 투자자의 목표와 선호도에 맞는 투자 전략을 수립하는 것이 중요합니다. 용도변경, 교통시설 개발, 토지의 면적, 위치, 공시지가 상승률 등을 종합적으로 고려해 투자 결정을 내리면 더 높은 수익을 기대할 수 있을 것입니다. 부동산 투자는 단기적인 이익보다는 장기적인 안목을 가지고 접근해야 하며, 지속적인 시장 분석과 학습이 필요한 분야임을 명심해야 합니다.

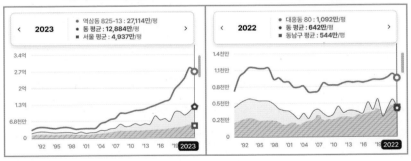

공시지가 확인   (출처 : 부동산플래닛)

이와 같이 **금리가 높을 때는 수익성이 높은 상품을 매수하고, 금리가 낮을 때는 시세차익을 얻기 위해 매도하는 투자 방법이 좋습니다.** 이러한 방법을 통해 투자자는 임대수익과 시세차익을 모두 극대화할 수 있습니다.

| 상가 임대수익률 계산 방법 |

1. 상가 수익률 계산

1) 수익률 계산하는 방법

① 수익률 = (월세 × 12개월) ÷ (매매가격 − 보증금) × 100입니다.

예시 : (200만 원 × 12개월) ÷ (5억 원 − 0.2억 원) × 100 = 5%

2) 수익률로 매매가격 역산하는 방법

① 매매가격 = (월세 × 12개월 ÷ 수익률(예시 5%)) + 보증금

예시 : (200만 원 × 12개월 ÷ 5%) + 2,000만 원 = 5억 원입니다.

3) 수익률을 간단하게 계산하는 방법(공인중개사 브리핑 시 사용)

① **통상가** : 임대가 쉬워 **월세의 400%**

예시 : 월세 200만 원 × 400 = 8억 원(3% 수익률)

② **복합상가** : 용도변경이나 임대가 어려워 **월세의 300%**

예시 : 월세 200만 원 × 300 = 6억 원(4% 수익률)

③ **기타상가** : 월세의 250%(4.8% 수익률), 200%(6% 수익률), 100%(12% 수익률)

2. 보증금 판단 방법

보증금은 보통 월세의 10배로 하는 것이 일반적입니다. 이는 월세 2개월분의 체납 금액과 계약 해지 시에 발생할 수 있는 내용증명 및 명도 소송(6개월)비용 등을 고려한 것입니다. 이렇게 하면 월세 체납 시 보증금으로 충당할 수 있습니다.

 상업용 부동산의 층별 임대료 추정은 여러 요소를 종합적으로 고려해서 이루어집니다. 지역과 상권 특성, 층별 위치와 크기, 건물 상태, 시장 경쟁 상황, 그리고 부동산 시장의 일반적인 추세 등을 모두 반영해야 합니다. KOSIS의 통계 자료를 활용하면, 더욱 정확한 임대료 예측이 가능합니다. 일반적으로 1층의 임대료가 가장 높고, 층수가 올라갈수록 낮아지는 경향이 있습니다. 각 층의 특성에 따라 조정하는 것이 필요합니다.

구분	전국		서울		주요 입주 업종
	층별 임대료 (천 원/㎡)	층별 효용 비율 (%)	층별 임대료 (천 원/㎡)	층별 효용 비율 (%)	
6층 이상	11.3	44.0	17.5	33.2	
5층	10.8	42.2	17.8	33.8	
4층	10.2	40.0	17.7	33.6	
3층	9.7	37.7	19.0	36.1	
2층	11.8	46.1	23.9	45.4	
1층 (기준)	25.6	100.0	52.7	100.0	
지하 1층	9.4	36.8	15.5	29.4	마트, 생활지원센터

집합 상가 층별임대료 및 효용비율(2024. 1분기)　　　　　　(출처 : KOSIS 통계목록)

다음은 단지 내 상가 적정 운영 업종에 대해 알아보겠습니다.

아파트 단지 내 상가의 다양한 업종과 그 특성은 다음과 같습니다.
1. **부동산 중개업소**는 아파트 300~400세대당 1개의 부동산 중개업소를 운영하면 적절합니다. 온라인 부동산 플랫폼의 성장으로 인해 오프라인 중개업소의 비중이 다소 줄어들고 있습니다.
2. **편의점**은 300세대 이상의 대규모 아파트 단지에서도 필요성이 높아졌습니다. 최근에는 무인 편의점이나 스마트 편의점 형태로 진화하고 있습니다.
   * 담배권은 다른 편의점과 최소 100m 이상의 거리를 유지해야 합니다.
3. **미용실 및 네일아트**는 주민들의 미용 서비스 수요를 충족시키기 위한 인기 업종 중 하나입니다.

4. **치킨집 및 분식집**뿐만 아니라 다양한 종류의 배달 전문 음식점이 증가하고 있습니다. 배달 앱의 성장으로 인해 주방 공간만 있는 '고스트 키친' 형태의 음식점도 늘어나고 있습니다.

5. **세탁 서비스**는 전통적인 세탁소뿐만 아니라 무인세탁소, 프리미엄 세탁 서비스 등 다양한 형태로 발전하고 있습니다.

6. **베이커리**와 같이 가까운 곳에서 신선한 빵과 쿠키를 바로 사 먹을 수 있다면 주민들의 만족도 또한 높아질 것입니다.

7. **태권도, 피아노, 미술 학원**과 같은 기존의 예체능 학원과 입시 학원 외에도 코딩, 로봇공학 등 STEM(과학(Science), 기술(Technology), 공학(Engineering), 수학(Mathematics)의 줄임말) 교육 관련 학원들이 증가하고 있습니다.

8. **국어, 영어, 수학 학원과 같은 입시 학원**은 중, 고등학생들의 학업 지원을 위한 필수 업종입니다.

9. **무인 아이스크림 및 무인 문구점**뿐만 아니라 다양한 형태의 무인 상점들이 늘어나고 있습니다. AI와 IoT 기술을 활용한 스마트 스토어도 점차 증가하는 추세입니다.

단지 내 상가에 가장 많이 입주한 업종은 미용시설, 학원·공부방, 식당·카페, 편의점 순입니다.

주변 입점 업종과 최신 트렌드를 고려해 적정 상가를 운영함으로써 효율성을 극대화하는 것이 중요합니다. 또한, 온라인 쇼핑의 성장으로 인해 오프라인 매장의 차별화된 서비스와 경험 제공이 더욱 중요해지고 있습니다.

단지 내 상가 적정 운영 업종   (출처 : 포커스미디어, 아파트 백서)

상가의 성공 여부를 결정짓는 중요한 요소 중 하나는 주요 동선입니다. 이는 유동 인구와 직결되므로 정확한 파악이 필수입니다. 유동 인구 조사 방법은 크게 직접 조사와 간접 조사로 나눌 수 있는데, 여기서는 효율적인 간접 조사 도구들을 소개하고자 합니다.

첫째, 나이스 비즈맵(NICE bizmap)은 시장 규모, 밀집도, 일 평균 유동 인구 등 다양한 데이터를 제공해 상가 위치의 전략 수립에 유용합니다.

둘째, 대박날 지도는 상권 분석, 매출 데이터, 유동 인구 정보, 마케팅 분석 등 가시적 정보를 제공해 사용자의 이해를 돕습니다.

셋째, 소상공인 상권분석 시스템은 업소 개수, 유동인구 및 매출 추이 등 지역 상권에 대한 기본 데이터를 제공하며, 상세 분석 및 보고서를 통해 창업자에게 유용한 인사이트를 제공합니다.

넷째, 오픈업은 경쟁 업체의 매출을 확인할 수 있고, 연령대별, 시간대별, 요일별 타깃 유동 정보를 쉽게 파악할 수 있는 플랫폼입니다.

다섯째, 마이프차는 상권 내 프랜차이즈 업종 정보를 확인할 수 있어 유용합니다.

이 외에도 부동산지인, 호갱노노, 네이버 부동산 거리뷰, 카카오 맵등이 상권정보를 파악하는 데 도움이 됩니다.

주 동선을 파악할 때는 몇 가지 주의해야 할 점이 있습니다. 코너 상가의 위치, 법조타운 인접 여부, 학원가 및 병원 밀집 지역 등을 세심히 살펴봐야 합니다. 이러한 요소들이 유동 인구의 흐름에 큰 영향을 미치기 때문입니다. 이렇게 다양한 도구들을 활용해 상가의 주 동선을 정확히 파악하면, 상가 운영의 성공 가능성을 크게 높일 수 있습니다. 철저한 분석과 준비는 향후 안정적인 수익으로 이어질 것입니다. 상가 투자나 창업을 고려하고 있다면, 이러한 도구들을 적극적으로 활용해 입지를 꼼꼼히 분석해보시기 바랍니다.

NICE bizmap – 유동 인구 파악 가능   **상권분석 – 상권 정보 조회 가능**

(출처 : NICE bizmap, 상권분석)

대박날 지도 – 상권 안정성 확인 가능   **서울시 상권분석 서비스 – 분석리포트 제공**

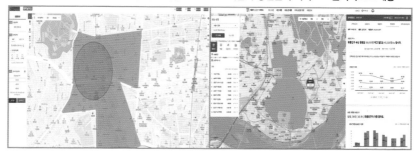

(출처 : 대박날 지도, 서울시 상권분석서비스)

마이프차 – 업종 추천   **부동산지인 – 인구/세대수 확인 가능**

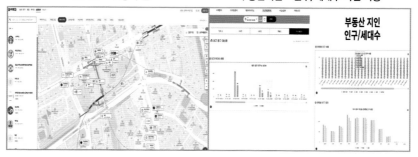

(출처 : 마이프차, 부동산지인)

상가에 투자할 때 접근성은 매우 중요한 요소입니다.

접근성에 따라 상가의 유형을 크게 3가지로 나눌 수 있습니다. 단지 내 상가, 중심 상가, 그리고 역세권 상가입니다. 유형별 특징과 장점을 살펴보겠습니다.

단지 내 상가는 안정적인 환경과 주거지역의 편리한 접근성을 제공합니다. 이는 주민들의 일상적인 필요를 충족시키고, 적정한 임대료 설정을 통해 높은 수익률을 기대할 수 있습니다. 또한, 재건축 시 입주권을 확보할 수 있는 가능성도 있어 장기적인 투자 가치가 높습니다.

도시의 중심부에 위치한 중심 상가는 교통 편리성이 뛰어나며, 다양한 고객층을 유치할 수 있습니다. 이는 상가 운영의 안정성과 함께 높은 임대료도 기대할 수 있고, 나중에 처분 시 높은 시세차익도 얻을 수 있는 장점이 있습니다.

더블·트리플 역세권 상가는 교통 노선이 확장되거나 개발이 예정된 지역에 위치해 향후 가치 상승이 기대됩니다. 이는 지역 발전의 동력이 될 수 있으며, 대체로 높은 수익률도 기대해볼 수 있습니다.

접근성은 상가의 성공을 좌우하는 핵심 요소입니다. 따라서 투자자는 각 상가 유형의 특징을 잘 이해하고, 자신의 투자 목적과 리스크 허용 범위에 맞는 상가를 선택해야 합니다.

06 가치평가 사례로 상가 분석해보기

사례 1. 단지 내 상가

구분	**지역 단지 내 상가(2019년 분양)
상가	
분양가격	2층 상가 1.1억 원(추정가 대지비 0.4억, 건축비 0.7억 원)
면적(㎡)	전용 29.19, 분양 37.47 / 대지 지분 38.38
최근 매물가격	거래가격 2.2억 원, 월세 100만 원(보증금 1,000만 원)
토지가격	면적(38.38㎡) × 개별 공시가격(1,432,000원) = 41,800,080원
건물가격	평당 건축비(약 710만 원) × 11.34평 = 약 80,500,000원
수익 방식 분석	지방 6% 수익률 기준 2.1억 원(보증금 1,000만 원, 월세 100만 원)
결론	**분양가격 대비 약 2배 가치가 상승** · 초등학교 및 에듀타운 인근 단지 내 상가는 월세 수익률이 높음 · 초기 공급된 아파트 상가로 분양가격이 저렴함(높은 수익률 발생)

(출처 : 저자 작성, 고덕파라곤에듀포레)

사례 2. 복합상가(주상복합아파트의 상가)

구분	**혁신도시 주상복합상가(2018년 분양)
상가	
분양가격	1층 상가 6.56억 원(대지비 2.33억, 건축비 4.23억)
면적(㎡)	전용 41.81, 공용 17.86, 공급 59.67, 계약 91.97 / 대지 지분 13.89
최근 매물가격	매매 2.5~3억 원, 월세 150만 원(보증금 1,500만 원)
토지가격	면적(13.89㎡) × 개별 공시가격(3,160,000원) = 43,892,400원
건물가격	건물 시가표준액(111,286,971) ÷ 공시가격 상수(예 : 0.65) = 171,210,700원
수익 방식 분석	지방 6% 수익률 기준 3.3억 원(보증금 1,500만 원, 월세 150만 원)
결론	**분양가격 대비 50% 가치가 하락** • 토지 지분이 적어 시간이 지나도 가치 상승이 적음 • 상가 공급이 많아 수익률이 낮음

(출처 : 저자 작성)

앞의 자료들은 상가의 특성을 분석해 가치를 평가한 것입니다. 상가 투자를 할 때는 해당 지역의 장기적인 경제 상황과 함께 토지 및 건물 가치, 상가의 위치, 임대 수요, 수익성 등을 검토하는 것이 중요합니다.

07

상가 취득세부터 양도소득세까지
완벽 정리

이 장에서는 상가 매매와 보유 시 발생하는 주요 세금에 대해 자세히 알아보겠습니다.

상가를 취득할 때 납부해야 하는 **취득세는 4.6%**입니다. 이는 기본세율 4%에 농어촌특별세 0.2%와 지방교육세 0.4%가 추가된 것입니다. 예를 들어, 1억 원짜리 상가를 구입한다면 460만 원의 취득세를 납부해야 합니다.

상가를 보유하고 있는 동안에는 매년 재산세를 납부해야 합니다. 상가는 주택 외 부동산으로 분류되어 건물과 토지를 분리해서 계산합니다. 건물분 재산세는 7월에, 토지분 재산세는 9월에 각각 납부합니다.

세율은 건물의 경우 0.25%, 토지는 0.2~0.4% 사이입니다. 예를 들어, 상가 건물의 과세표준이 1억 원이고 토지의 과세표준이 5,000만 원이라면, 건물분 보유세는 25만 원, 토지분 보유세는 10~20만 원 사이가 됩니다.

종합부동산세의 경우, 상가는 별도 합산 토지로 취급되어 80억 원 이상일 때만 납부 대상이 됩니다. 따라서 대부분의 소규모 상가 소유자에게는 해당되지 않지만, 대규모 상가를 다수 보유한 경우에는 주의가 필요합니다.

상가 임대 시에는 월세의 10%를 부가가치세로 납부해야 합니다. 이는 임차인이 임대인에게 납부하는 금액에 포함됩니다. 예를 들어, 월세가 100만 원이라면 임차인은 10만 원의 부가가치세를 추가해 총 110만 원을 임대인에게 지급해야 합니다.

상가 임대 소득에 대해서는 종합소득세를 납부해야 합니다. 신고 및 납부 기한은 매년 5월 31일까지입니다. 종합소득세는 다른 소득과 합산되어 세율이 적용되므로, 정확한 계산을 위해서는 별도의 자료를 참고해야 합니다.

마지막으로, 상가를 매매할 때 발생하는 소득에 대해서는 양도소득세를 납부해야 합니다. 양도차익이 발생한 경우에만 적용되며, 보유 기간에 따라 세율이 달라집니다. 3년 이상 보유 시에는 장기보유특별공제가 적용되어 세 부담이 줄어듭니다. 예를 들어, 15년 이상 보유한 경우 최대 30%까지 공제받을 수 있습니다.

구분		세율/금액	납부 시기	비고
취득세		4.6%	취득 시	농어촌특별세 0.2%, 지방교육세 0.4%
보유세	건물	0.25%	매년 7월	건물에 대한 보유세
	토지	0.2~0.4%	매년 9월	토지에 대한 보유세
종합부동산세		공제금액 초과 시 부과	매년 12월	80억 원 초과 시 납부
부가가치세		월세의 10%	매월	임차인이 월세에 더해 납부
종합소득세		소득에 따라 차등 적용	매년 5월	다른 소득과 합산해 과세
양도소득세		양도차익에 따라 차등 적용	매매 시	장기보유특별공제 적용 가능
장기보유특별공제		최대 30%	매매 시	보유 기간 3년 이상 시 적용

(출처 : 국세청, 홈택스)

08

큰돈을 벌고 싶다면
토지 투자

토지 투자는 부동산 시장에서 가장 큰 수익을 얻을 수 있는 기회 중 하나입니다. 이 장에서는 토지 투자의 중요성과 그 이유에 대해 자세히 알아보겠습니다.

(출처 : 저자 작성)

토지는 모든 부동산의 근간입니다. 아파트, 상가, 공장, 농지 등 모든 부동산은 토지 위에 건설됩니다. 따라서 토지의 특성과 용도에 따라 해당 부동산의 가치가 결정됩니다. 예를 들어, 상업용지는 상가나 사무실로 개발될 수 있어 높은 가치를 지닐 수 있습니다. 즉, 모든 부동산에서 토지가 핵심이라고 할 수 있습니다.

토지 투자를 고려할 때는 개별공시지가와 10년 평균 상승률을 확인하는 것이 중요합니다. 개별공시지가는 정부와 은행에서 인정하는 토지 가치의 기준으로, 세금 산정이나 감정평가, 은행 대출에 활용됩니다. 이를 확인함으로써 투자의 안전성을 높일 수 있습니다. 또한, 반드시 토지 이용 계획에 대한 이해가 필요합니다. 건축선, 건폐율, 용적률 등은 토지의 효율적인 활용을 결정짓는 요소들입니다. 이러한 정보를 통해 해당 토지의 개발 가능성을 정확히 판단할 수 있습니다.

토지 소유자로서 알아야 할 권리와 제한 사항도 있습니다. 건축선, 토지 분할, 환경 규제 등 토지 사용에 대한 다양한 규정이 있습니다. 이를 정확히 이해하면 토지를 합법적이고 효율적으로 활용할 수 있습니다. 토지 투자는 장기적인 관점에서 접근해야 합니다. 토지의 위치, 용도, 가치 등을 철저히 분석해 효율적인 투자 전략을 수립하는 것이 중요합니다. 또한, 도시개발계획이나 교통망확장계획 등을 분석해 미래의 가치 상승을 예측하는 것도 필요합니다.

결론적으로, 토지 투자에 대한 지식을 쌓고 전략을 세워나간다면, 부동산 시장에서 큰 수익을 얻을 수 있는 기회를 잡을 수 있습니다. 토지는 한정된 자원이며, 그 가치는 시간이 지날수록 상승할 가능성이 큽니다. 따라서 토지 투자는 장기적인 관점에서 매우 매력적입니다.

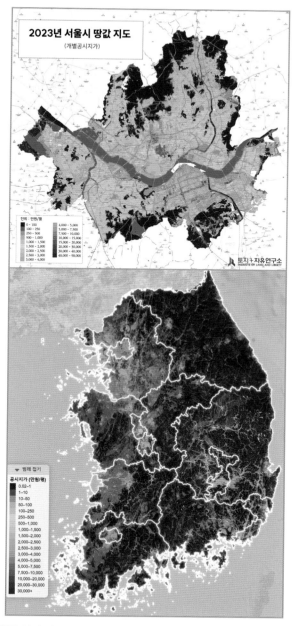

대한민국 땅값 지도(2023년 서울 / 2024년 전국 개별공시지가)　　　(출처 : 모두의 땅)

09

시세차익과 임대수익으로 투자 가치 비교·분석하기

부동산 투자 시 시세차익과 임대수익 중 어디에 더 비중을 두어야 할지 결정해야 합니다. 다음과 같이 2가지 부동산 유형의 투자 가치를 비교·분석해보겠습니다.

구 분	A 부동산		B 부동산	비교
매매가격	10억 원	=	10억 원	투자금 동일
월세	500만 원	〉	300만 원	월 200만 원 차이
연간 수익률	6%	〉	3.6%	2.4% 차이
10년 임대료	6억 원	〉	3.6억 원	2.4억 원 차이
건물 가치	7억 원	〉	5억 원	건물 2억 원 높음
10년 감가상각액 (철골조 수명 40년)	5.25억 원 (1.75억 감가)	〉	3.75억 원 (1.25억 감가)	5,000만 원 차이
★ 토지 용도	1종 일반주거지역	〈	3종 일반주거지역	B 부동산은 아파트 3종 용지
토지가격	3억 원	〈	5억 원	B 토지 2억 원 높음
공시지가 상승률(예)	연평균 5%	〈	연평균 10%	5% 차이
★ 10년 후 토지 가치	4.88억 원	〈	12.96억 원	8.08억 원 차이
★ 임대료+건물+토지	16.13억 원	〈	★ 20.31억 원	4.18억 원 차이

부동산 투자 가치 비교·분석 (출처 : 저자 작성)

먼저, 동일한 매매가격 10억 원의 A 부동산과 B 부동산을 예로 들어 보겠습니다. A 부동산은 월 500만 원의 월세를 받고, B 부동산은 300만 원을 받습니다. 이는 A 부동산이 월 200만 원 더 많은 임대 수익을 올린다는 것을 의미합니다. 연간 수익률로 환산하면 A 부동산이 6%, B 부동산이 3.6%로, 10년간 임대료는 각각 6억 원과 3.6억 원이 됩니다. 즉, A 부동산이 10년 동안 2.4억 원 더 높은 임대 수익을 얻게 됩니다.

건물 가치 측면에서는 A 부동산의 건물 가치가 7억 원으로 B 부동산보다 2억 원 더 높습니다. 그러나 10년 감가상각액을 고려하면 A 부동산이 5.25억 원, B 부동산이 3.75억 원으로, A 부동산이 5,000만 원 더 감가됩니다. 토지 용도 측면에서 A 부동산은 1종 일반주거지역에, B 부동산은 3종 일반주거지역에 속합니다. 3종 일반주거지역은 향후 개발 가능성이 더 크고 거래도 활발하다는 점에서 주목할 만합니다.

토지 가치와 공시지가 상승률을 비교해보면, A 부동산의 토지가격은 3억 원이며 연평균 5%가 상승했고, B 부동산의 토지가격은 5억 원이며 연평균 10%가 상승했습니다. 이를 바탕으로 10년 후를 예측해보면, A 부동산의 토지 가치는 4.88억 원, B 부동산은 12.96억 원으로 예상됩니다.

이러한 요소들을 종합적으로 고려해 10년 후의 총자산 가치를 계산해보면, A 부동산은 임대료(6억 원), 건물 잔존가치(5.25억 원), 토지 가치(4.88억 원)를 합해 총 16.13억 원의 가치를 가지게 됩니다. 반면 B 부동산은 임대료(3.6억 원), 건물 잔존가치(3.75억 원), 토지 가치(12.96억 원)를 합해 총 20.31억 원의 가치를 갖게 됩니다. 결과적으로 B 부동산이 A 부동산보다 4.18억 원 더 높은 가치를 갖게 되는 것입니다.

결론적으로, **건물보다는 토지에 초점을 맞춘 투자 전략이 장기적으로**

더 높은 수익을 가져다줄 수 있음을 기억해야 합니다. 토지는 한정된 자원이며, 시간이 지날수록 그 가치가 상승할 가능성이 크기 때문입니다. 따라서 부동산 투자를 할 때에는 현재의 수익성뿐만 아니라 미래의 잠재적 가치 상승을 함께 고려하는 지혜가 필요합니다.

토지 가치를 검증하는 2가지 방법

10

부동산 투자에서 토지 가치를 정확히 평가하는 것은 매우 중요합니다. 다음과 같이 토지 가치를 검증하는 2가지 주요 방법에 대해 알아보겠습니다.

첫 번째 방법은 공시지가를 활용한 토지 가치 검증입니다. 공시지가는 정부가 매년 공시하는 토지의 기준가격으로, 실제 시장 가치와는 차이가 있습니다. 이 차이를 보정하기 위해 '현실화율'이라는 개념을 사용합니다.

예를 들어, 2023년 A 지역 토지의 공시지가가 3억 원이라고 가정해 봅시다. 이 지역의 현실화율이 74.7%라면, 실제 토지의 시장 가치는 다음과 같이 계산할 수 있습니다.

> **실제 시장 가치 = 공시지가 ÷ 현실화율**
> **= 3억 원 ÷ 0.747 ≈ 4억 원**

따라서 이 토지의 실제 시장 가치는 약 4억 원으로 추정할 수 있습니다.

연도	20년	21년	22년	23년	24년	25년	26년	27년	28~35년
현실화율(%)	65.5	68.6	71.6	74.7	77.8	80.8	83.9	86.9	90.0

토지 현실화율 예상 추이 (출처 : 국토교통부)

두 번째 방법은 건축비 차감을 통한 토지 가치 검증입니다. 이 방법은 부동산의 총가치에서 건축비를 차감해 토지의 가치를 추정합니다. 특히 신축 건물이나 재건축 예정 부동산의 가치를 평가할 때 유용합니다.

예를 들어, B 지역의 한 부동산의 총 가치가 10억 원이고, 건축비가 6억 원이라고 가정해봅시다. 이 경우 토지의 가치는 다음과 같이 계산할 수 있습니다.

> **토지 가치 = 총 부동산 가치 − 건축비**
> **= 10억 원 − 6억 원 = 4억 원**

이렇게 계산하면 이 부동산의 토지 가치는 4억 원으로 추정됩니다.

이 2가지 방법은 각각의 장단점이 있습니다. 공시지가를 활용한 방법은 공식적인 데이터를 기반으로 하기에 객관성이 높지만, 현실화율의 정확성에 따라 결과가 달라질 수 있습니다. 반면, 건축비 차감 방법은 실제 시장 가치를 더 잘 반영할 수 있지만, 정확한 건축비 산정이 어려울 수 있습니다.

따라서 투자자들은 이 2가지 방법을 상호 보완적으로 사용해 토지 가치를 평가하는 것이 좋습니다. 또한, 해당 지역의 부동산 시장 동향, 개발계획, 인프라 확충 등 다양한 요소들도 함께 고려해야 합니다.

11 토지를 효과적으로 이용하기 위한
3가지 고려사항

토지를 효과적으로 이용하기 위해서는 다음 3가지 사항을 고려해야 합니다.

첫째, 건축 규정을 확인해야 합니다. 건축선, 건폐율, 용적률 등의 규정은 지역 정부의 규제와 밀접한 관련이 있으며, 건축 시 반드시 준수해야 합니다. 이러한 규정은 건물의 규모와 형태를 결정하는 데 중요한 역할을 합니다.

둘째, 토지 위에 어떤 종류의 건물을 건축할지 결정해야 합니다. 주거용, 상업용, 산업용 등 다양한 옵션이 있으며, 이는 토지의 위치와 용도지역에 따라 달라집니다. 적절한 용도 선택은 토지의 가치를 극대화하는 데 중요합니다.

셋째, 개발 가능성과 시장 가치를 예측해야 합니다. 해당 토지가 얼마나 많은 건물을 수용할 수 있는지, 그리고 그러한 건물들이 시장에서 어떤 가치를 가질지를 사전에 예측해야 합니다. 이는 토지 투자의 수익성을 평가하는 중요한 요소입니다.

'토지이음'을 활용하면 토지 관련 내용을 확인할 수 있습니다. '토지이음'은 국토교통부에서 운영하는 부동산 공공 포털로, 다음과 같은 주요 기능을 제공합니다.

첫째, 이음 지도 서비스입니다. 이 서비스는 토지의 과거, 현재, 미래의 규제 정보와 도시계획 정보를 제공합니다. 토지의 용도, 건축선, 건폐율, 용적률 등과 관련된 세부 정보를 쉽게 찾아볼 수 있어, 토지 이용 계획 수립에 큰 도움이 됩니다.

둘째, 용어사전 기능입니다. 부동산 관련 용어가 복잡하게 느껴질 때 유용한 자료로, 이용자들이 부동산 용어를 쉽게 이해할 수 있도록 도와줍니다.

셋째, 규제 법령집을 제공합니다. 토지 이용과 관련된 법령 정보를 제공해, 부동산 투자나 건축 시 반드시 준수해야 할 규제 정보를 쉽게 확인할 수 있습니다.

결론적으로, 토지의 효과적인 이용을 위해서는 건축 규정, 용도 선택, 개발 가능성 등을 종합적으로 고려해야 하며, 토지이음과 같은 공신력 있는 정보 서비스를 활용하는 것이 중요합니다.

토지이음 사이트 활용 검색

(출처 : 토지이음)

토지 관련 주요 문서는 정부24나 국토정보 플랫폼에서 조회할 수 있으며, 문서별로 다음과 같은 주요 내용을 확인할 수 있습니다.

구분	내용
토지이용계획 확인서	토지의 위치 및 면적, 용도지역(지구, 구역), 건폐율 및 용적률, 건축 가능 여부, 경관지구 및 문화재 보호구역 등의 제한 사항, 토지 거래 규제 사항, 지번, 지목, 면적, 경계, 개별공시지가 등
지적도, 임야도	지목, 모양, 면적, 경계 등
토지대장, 임야대장	지번, 면적, 지목, 소유자, 취득일, 공시지가 등
등기부등본	부동산의 표시(지목, 내용), 소유권 및 기타 권리 사항
개별공시지가 확인서	매년 정부에서 발표하는 각 땅의 공시지가
건축물 관리대장	건물의 규모(면적, 층수), 구조, 용도, 소유주 정보, 준공일 등

국토정보 플랫폼

(출처 : 정부24)

12 성공적인 토지 투자를 위한 핵심 요소

부동산 시장에서 토지 투자는 안정성과 높은 잠재 수익률로 많은 투자자의 관심을 받고 있습니다. 그러나 성공적인 토지 투자를 위해서는 여러 핵심 요소를 신중히 고려해야 합니다. 이 장에서는 이러한 요소들을 우선순위에 따라 자세히 살펴보겠습니다.

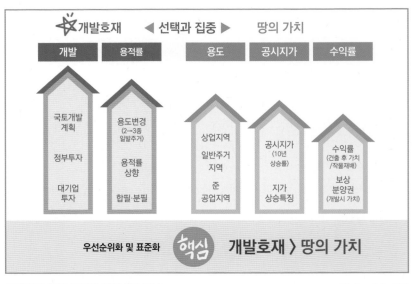

성공적인 토지 투자를 위한 핵심요소   (출처 : 저자 작성)

첫째, 토지 투자에서 가장 중요한 요소는 바로 개발 호재입니다. 현재 땅의 가치보다 미래의 발전 가능성이 투자 수익에 더 큰 영향을 미치기 때문입니다. 투자자는 국토개발계획, 정부 및 대기업의 투자 계획 등을 주의 깊게 살펴봐야 합니다.

예를 들어, GTX 노선이 확정된 지역이나 글로벌 비즈니스 센터, 용인 반도체 클러스터와 같은 대규모 프로젝트가 예정된 지역은 미래 가치가 높을 것으로 예상됩니다. 이러한 개발계획은 해당 지역의 인프라를 개선하고 경제 활동을 촉진해 토지 가치를 크게 상승시킬 수 있습니다.

GTX 삼성역 복합환승센터　　　　　　**현대자동차 글로벌 비즈니스 센터**

개발 호재(영동대로 지하공간 복합개발)　　　　　　(출처 : 서울국제교류복합지구)

둘째, 토지의 용도변경과 용적률 상향은 투자 수익성을 크게 향상시킬 수 있는 요소입니다. 준공업지역이 주거지역으로 용도변경 될 가능성이 있는 지역, 2종 일반주거지역이 3종 일반주거지역으로 변경될 가능성이 있는 지역, 용적률 상향 가능성이 있는 지역(예 : 서울역세권)의 경우 주목해야 합니다.

지적도(상업, 일반주거, 준공업 등 용도 확인)　　　　3D 위성지도

토지 용도(지적도, V-월드 3D 위성지도)　　　　(출처 : 네이버페이 부동산)

　　서울시의 도시재생 및 주거 환경 개선 정책은 이러한 변화의 좋은 예시입니다. 2021년 10월 발표된 용적률 변경안에 따르면, 주거지역의 용적률이 250%에서 300%로 상향 조정되었습니다. 이는 같은 부지에서 더 많은 주거 공간을 확보할 수 있게 되었음을 의미하며, 토지의 가치와 개발 잠재력을 크게 높일 수 있습니다.

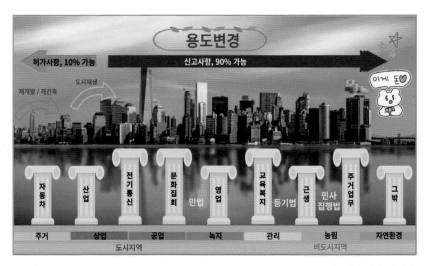

(출처 : 저자 작성, 법제처)

건축물의 규제 완화와 용도변경의 핵심

1. 건축 규제를 완화해 용적률을 기존의 250%에서 300%로 **상향(20%) 조정하면 부동산 가치도 같은 기준으로 상승합니다.**

2. 건축물을 상위 시설군으로 용도변경할 때는 허가를 받아야 하고, 하위 시설군으로 용도변경 할 때는 신고만 하면 됩니다. 여기서 **핵심은 신고만으로 용도변경이 가능하고, 돈이 되는 부동산을 매입하는 것입니다.**

3. 용도변경에 따라 허가나 신고의 대상 여부는 변경하려는 부분의 바닥면적에 따라 결정됩니다. **바닥면적이 100㎡ 이상일 때는 사용승인 절차를 준용**하고, 500㎡ 이상일 때는 설계에 관한 사항 제23조를 준용합니다.

4. 용도변경 시 **주차 공간과 정화조 시설**도 중요한 사항입니다.

셋째, 토지의 공시지가 상승률은 기본 가치를 평가하는 중요한 지표입니다. 이를 통해 토지의 장기적인 수익률을 예측할 수 있으므로, 투자 결정 시 반드시 확인해야 할 요소입니다. 공시지가의 지속적인 상승은 해당 지역의 경제 성장과 개발 잠재력을 반영하는 것으로, 투자 가치를 판단하는 데 중요한 기준이 됩니다.

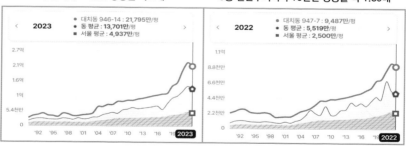

토지 용도와 개별공시지가 비교　　　　　　　　　　　　(출처 : 네이버페이 부동산)

넷째, 마지막으로, 토지의 위치에 따라 투자 전략을 달리해야 합니다. 일반적으로 토지는 2가지 유형으로 구분됩니다. 도심지의 '가치형 토지'는 이미 개발이 진행된 도심 지역의 토지로, 안정적인 가치 상승을 기대할 수 있습니다. 신도시의 '성장형 토지'는 새롭게 개발되는 지역의 토지로, 높은 성장 잠재력을 가지고 있지만, 상대적으로 위험도가 높을 수 있습니다.

구분	가치형 토지	성장형 토지
위치	주로 도심지에 위치	주로 신도시나 국제도시에 위치
임대수익률(월세)	높음	낮음
첫 입주 후 개발	늦음	빠름
상승 경향	10년 동안 2~5배 상승	10년 동안 4~10배 상승

가치형 토지와 성장형 토지   (출처 : 저자 작성)

성공적인 토지 투자를 위해서는 개발 호재, 용도변경 및 용적률 상향 가능성, 공시지가 상승률, 그리고 토지의 위치 등 다양한 요소를 종합적으로 고려해야 합니다. 이러한 핵심 요소들을 신중히 분석하고 평가한다면, 수익성이 높고 더욱 안정적인 토지 투자를 할 수 있을 것입니다.

투자자는 항상 장기적인 안목을 가지고 접근해야 하며, 지속적인 시장 동향 파악과 정보 수집이 필요합니다. 또한, 필요에 따라 부동산 전문가의 조언을 구하는 것도 현명한 방법일 수 있습니다. 신중하고 전략적인 접근을 통해 토지 투자의 잠재력을 최대한 활용할 수 있을 것입니다.

토지 투자는 단기간에 큰 수익을 얻기는 어렵지만, 장기적으로 볼 때 안정적이고 높은 수익을 기대할 수 있는 투자 방법입니다. 이 장에서 소개한 핵심 요소들을 고려해 신중하게 접근한다면, 성공적인 토지 투자를 통해 재테크의 새로운 지평을 열 수 있을 것입니다.

토지 가치평가 및 가설계하는 방법

　　토지 가치평가를 하고 가설계를 해보는 것은 부동산 투자 결정을 하는 데 중요한 역할을 합니다. 다음과 같이 엑셀을 활용해 토지 가치평가와 가설계를 해보겠습니다.

매물주소	경기도 평택시 청북읍 *** ***, ***		경매번호			매물가격(경매)	580,228,000	(단위: 원, %)
구분	토지 면적		토지 가격		도로너비	가중치(안)	가치평가	평당가격	적정 낙찰률(%)

구분	토지 면적		토지 가격		도로너비	가중치(안)	가치평가	평당가격	적정 낙찰률(%)
토지 가치평가	면적(m²)	3,401	공시가격(m²)	88,220	맹지	1	459,000,000	445,720	79%
	면적(평)	1,030	공시지가 가격	300,037,000	1차선(8m미만)	1.22	560,000,000	543,800	97%
	씨:리얼(토지/주택) K-Geo플랫폼(토지/주택)	24년 토지 현실화율(%)	65.4%	2차선(~12m)	1.28	588,000,000	570,990	101%
	서울 이택스	일사편리(토지)	현실화 가격	458,773,000	4차선(~25m)	1.43	657,000,000	638,000	113%
	지방 위택스				4차로(25m~) 이상	1.61	739,000,000	717,620	127%

실거래가	거래년도	2017년	실거래가	340,000,000	공시가격 상승률	111%	상승률 반영가격	378,000,000	밸류맵

구분									
AI 추정가	땅박사(앱)	389,990,000	밸류쇼핑	724,500,000	하우스머치		공간의 가치		평균가격
	부동산플래닛	778,540,000	리치고	690,000,000	랜드북(수도권만)		하우빌드		646,000,000

구분	비율(%)		면적		건축구조	평당 건축가격		추정가격
가설계	건폐율	20%	바닥면적(m²)	680	벽돌(75%)	5,800,000		2,987,000,000
	용적률	50%	연면적(m²)	1,701	철근(85%)	6,600,000	가설계	3,399,000,000
	층수	2.5	바닥면적(평)	206	철근/콘크리트(92%)	7,100,000		3,656,000,000
			연면적(평)	515	24년 아파트 표준건축비	7,670,000		3,950,000,000

토지 가치평가 및 가설계

(출처 : 저자 작성)

토지의 현재 가치를 파악하는 것은 부동산 투자의 성공을 좌우하는 결정적 요인입니다. 경기도 평택시 청북 지역을 예로 들면, 시장 가치평가 과정에서 토지의 면적, 공시가격, 도로 넓이에 따른 가중치 등 다양한 요인을 종합적으로 분석해 가치를 산정합니다. 시장에서의 평당 거래가격이나 적정 낙찰률 같은 지표를 사용해, 거래가격을 예측하는 것은 매우 중요합니다.

토지는 실거래가에 공시가격의 상승률을 적용함으로써 토지의 실제 가치를 추정합니다. 또한, 다양한 부동산 앱에서 제공하는 AI 추정가는 토지의 가치를 예측하는 또 다른 혁신적인 방법입니다. '땅박사', '부동산플래닛', '밸류쇼핑', '리치고', '하우스머치', '랜드북', '공간의 가치'와 같은 앱이 제공하는 데이터를 참고해 토지의 적정가격을 판단할 수 있습니다.

가설계는 토지의 미래 가치를 추정하기 위해 필수적인 절차입니다. 토지에 대한 건폐율, 용적률, 건축 층수, 바닥면적, 연면적 및 건축 재료의 종류와 품질 등 다양한 요소를 고려해 잠재적 가치를 평가합니다. 이러한 복합적인 데이터와 분석을 통해 토지 가치평가와 실거래가 데이터, AI 추정가 및 가설계는 투자자에게 효율적인 가격 범위를 제시합니다. 부동산 투자를 할 때 데이터 기반의 접근은 불확실성을 줄이고, 성공적인 투자 결과를 이끄는 길잡이가 될 것입니다.

14 백화점, 스타필드 등과 산업단지의 개발 효과

백화점, 스타필드와 같은 대규모 상업시설, 그리고 산업단지의 개발은 지역 발전에 지대한 영향을 미치는 중요한 요소입니다. 이러한 개발 프로젝트들은 단순히 건물을 세우는 것 이상의 의미를 지니며, 지역 경제와 부동산 시장에 광범위한 파급 효과를 가져옵니다.

먼저, 대규모 상업시설의 개발은 지역의 토지 가치를 크게 상승시킵니다. 이는 주변 부동산 시장에 긍정적인 변화를 불러일으키며, 상업적 가치가 높은 부동산에 대한 수요를 증가시킵니다. 또한, 이러한 시설들은 다양한 업종에서 새로운 일자리를 창출해 지역의 고용 상황을 개선하고, 주민들의 생활 편의성을 높여줍니다.

안성 스타필드 오픈(2020. 10. 7)   **10년간 토지가격 약 2.3배 상승**

스타필드 입점 후 주변 토지가격 상승   (출처 : 부동산플래닛)

　특히 주목할 만한 것은 호텔과 같은 숙박시설의 역할입니다. 이러한 시설들은 관광객과 비즈니스 여행자를 유치함으로써 지역 경제에 추가적인 활력을 불어넣습니다. 방문객들의 소비 활동은 지역 상권을 활성화시키고, 이는 다시 지역 경제 발전의 선순환으로 이어집니다.

　한편, 대규모 산업단지와 연구소의 개발 역시 지역 경제에 중요한 역할을 합니다. 이들 시설은 고급 기술 직종과 연구 개발 분야에서 양질의 일자리를 제공해 고소득·고학력 인구의 유입을 촉진합니다. 더불어 지역 내외의 다양한 기업들과의 협력을 통해 경제 활성화의 기반을 마련합니다. 이러한 산업단지와 연구소의 경제적 활성화는 자연스럽게 주변 부동산의 가치 상승으로 이어집니다. 따라서 부동산 투자자들은 이러한 개발계획을 분석하고, 정부의 정책 방향성과 전문가들의 의견을 종합적으로 고려하는 것이 중요합니다.

　결론적으로, 대규모 상업시설과 산업단지의 개발은 지역 경제를 활성화하고 부동산 가치를 상승시키는 핵심 동력입니다. 그러나 투자자들은 장기적인 시장 변화와 다양한 변수를 신중하게 고려해 투자 결정을 내려야 합니다.

산업단지 투자 롤모델(안)   (출처 : 저자 작성)

신규 산업단지(용인 반도체 특구)   (출처 : 저자 작성)

국토개발은 국가의 미래를 설계하는 중요한 과정입니다. 이 과정의 근간이 되는 것이 바로 국토종합계획입니다. 국토종합계획은 국가 전체의 장기적인 발전 방향을 제시하고, 국가 경쟁력 강화와 국민 삶의 질 향상을 주요 목표로 삼고 있습니다. 국토종합계획을 바탕으로 각 지역의 특성과 필요에 맞춘 세부적인 계획들이 수립됩니다. 도 종합계획은 특정 지역의 특성을 고려해서 만들어지며, 시·군 종합계획은 더욱 세부적으로 지역의 기본적인 공간구조와 발전 방향을 제시합니다.

이러한 계획들에 따라 **용도지역과 용도지구**가 지정됩니다. 용도지역은 토지의 이용이나 건축물의 용도와 관련된 규제를 설정하는데, 주거지역, 상업지역, 공업지역 등 다양한 형태로 구분됩니다. 이는 각 지역의 특성에 맞는 발전을 위한 기준이 됩니다.

부동산 개발의 핵심적인 요소로 **건폐율과 용적률**을 들 수 있습니다. 건폐율은 대지에 대한 건축물의 면적 비율을 나타내며, 용적률은 연면적을 기준으로 건물의 사용 가능한 면적을 정합니다. 이 2가지 요소는 건축물의 규모와 형태를 결정하는 중요한 기준이 됩니다.

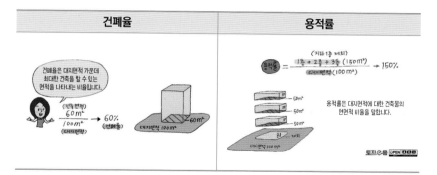

(출처 : 토지이음)

구분	용도지역		건폐율 (대지면적 사용)	용적률(건축 높이)
1	주거 지역	제1종 전용주거지역	50%	100%
2		제2종 전용주거지역	40%	120%
3		제1종 일반주거지역	60%	150%
4		제2종 일반주거지역		200%
5		제3종 일반주거지역	50%	250%
6		준주거지역	60%	400%
7	상업 지역	중심상업지역		1,000% (단, 역사 도심 800%)
8		일반상업지역		800% (단, 역사 도심 600%)
9		근린상업지역		600% (단, 역사 도심 500%)
10		유통상업지역		600% (단, 역사 도심 500%)
11	공업 지역	전용공업지역		200%
12		일반공업지역		200%
13		준공업지역		400%
14	녹지 지역	보전녹지지역	20%	50%
15		생산녹지지역		50%
16		자연녹지지역		50%

용도지역별 건폐율과 용적률

(출처 : 토지이음)

건축선 또한 도시 계획에서 중요한 역할을 합니다. 건축선은 건축물의 바닥 면과 토지 경계선 사이의 선으로, 건축물의 위치를 결정하는 중요한 요소입니다. 이를 통해 건축물의 높이, 형태, 용도를 규제하고 제한할 수 있습니다.

마지막으로, **일조권**은 모든 사람이 동등하게 햇빛을 받을 권리를 의미합니다. 이는 주거 환경의 개선과 도시 생활의 질 향상을 위해 필수적인 요소로, 현대 도시 계획에서 반드시 고려해야 할 사항입니다.

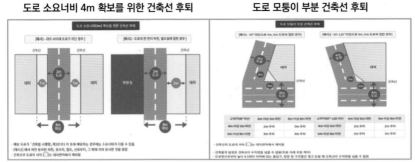

건축선   (출처 : 토지이음)

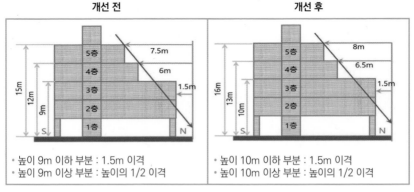

일조권   (출처 : 토지이음)

16 > # 가치가 높은 건축물의 종류와 토지의 지목은?

시설군별 건축물의 용도는 9개의 시설군으로 나누어지며, 각 시설군에는 다양한 용도(총 30개)가 할당됩니다. 시설군별로 건축물의 용도변경이 가능합니다. 다음은 시설군과 건축물의 용도에 대한 설명입니다.

시설군	용도	건축물의 종류 - 건축법 시행령 [별표 1] 〈개정 2023. 2. 14〉
① 자동차 관련	자동차	가. **주차장**, 나. **세차장**, 다. 폐차장, 라. 검사장, 마. 매매장, 바. 정비공장, 사. 운전학원 및 정비학원, 아. 차고 및 주기장, 자. **전기자동차 충전소**
② 산업 등의 시설물	운수	가. 여객자동차터미널, 나. 철도시설, 다. 공항시설 라. 항만시설
	창고	가. **창고**(물품저장시설로서 일반창고와 냉장 및 냉동 창고를 포함) 나. 하역장, 다. 물류터미널, 라. 집배송 시설
	공장	가. 물품의 제조·가공[염색·도장·표백·재봉·건조·인쇄 등을 포함] 바닥면적 500㎡ 이상
	위험물 저장 및 처리	가. **주유소**(기계식 세차 설비를 포함) 및 석유 판매소, 나. 액화석유가스 충전소·판매소·저장소(기계식 세차 설비를 포함) 다. 위험물 제조소·저장소·취급소, 라. 액화가스 취급소·판매소 마. 유독물 보관·저장·판매시설 바. 고압가스 충전소·판매소·저장소, 사. 도료류 판매소 아. 도시가스 제조시설, 자. 화약류 저장소

시설군	용도	건축물의 종류 – 건축법 시행령 [별표 1] 〈개정 2023. 2. 14〉
② 산업 등의 시설물	자원순환 관련	가. 하수 등 처리시설, 나. **고물상** 다. 폐기물 재활용시설, 라. 폐기물 처분시설, 마. 폐기물감량화시설
	묘지 관련	가. 화장시설, 나. 봉안당(종교시설에 해당하는 것은 제외) 다. 묘지와 자연장지에 부수되는 건축물 라. 동물화장시설, 동물건조장 시설 및 동물 전용의 납골시설
	장례식장	가. 장례식장(의료시설의 부수시설 제외), 나. 동물 전용의 장례식장
③ 전기 통신	방송· 통신	가. 방송국(방송프로그램 제작시설 및 송신·수신·중계시설을 포함) 나. 전신전화국, 다. **촬영소**, 라. 통신용 시설, 마. 데이터센터
	발전	가. 발전소(집단에너지 공급시설 포함)로 사용되는 건축물
④ 문화 및 집회	문화 및 집회	가. **공연장**, 바닥면적 500㎡ 이상 나. 집회장[예식장, 공회당, 회의장, 마권 장외 발매소, 마권 전화투표소] 다. 관람장(경마장, 경륜장, 경정장, 자동차 경기장, 그 밖에 이와 비슷한 것과 체육 　관 및 운동장), 바닥면적 1,000㎡ 이상 라. 전시장(박물관, 미술관, 과학관, 문화관, 체험관, 기념관, 산업전시장, 박람회장) 마. 동·식물원(동물원, 식물원, 수족관)
	종교	가. 종교집회장 나. 종교집회장에 설치하는 봉안당, 바닥면적 500㎡ 　이상
	위락	가. **단란주점**, 바닥면적 150㎡ 이상, 나. **유흥주점** 다. 유원시설업의 시설, 라. 무도장, 무도학원, 바. 카지노영업소
	관광·휴게	가. 야외음악당, 나. 야외극장, 다. 어린이회관, 라. 관망탑, 마. 휴게소, 바. 공원·유원지 또는 관광지에 부수되는 시설
⑤ 영업	판매	가. **도매시장**(농수산도매시장, 농수산물공판장) 나. **소매시장**(대규모점포, 그 안의 근생시설 포함) 다. **상점**
	운동	가. 탁구장, **체육도장**, 테니스장, 체력단련장, 에어로빅장, 볼링장, 　당구장, **실내낚시터**, 골프연습장, 놀이형 시설 나. **체육관**, 바닥면적이 1,000㎡ 미만, 다. **운동장**(육상장, 구기장, 볼링장, 수영장, 스케이트장, 롤러스케이트장, 승마장, 　사격장, 궁도장, 골프장 등), 바닥면적이 1,000㎡ 미만
	숙박	가. **일반숙박시설 및 생활숙박시설** 나. 관광숙박시설(관광호텔, 수상관광호텔, 한국전통호텔, 가족호텔, 호스텔, 　소형호텔, 의료관광호텔 및 휴양 콘도미니엄), 다. 다중생활시설

시설군	용도	건축물의 종류 – 건축법 시행령 [별표 1] 〈개정 2023. 2. 14〉
⑤ 영업	2종 근린생활	제2종 근린생활시설 중 **다중생활시설**, 바닥면적 500㎡ 미만
⑥ 교육 및 복지	의료	가. **병원**(종합병원, 병원, 치과병원, 한방병원, 정신병원 및 요양병원) 나. 격리병원(전염병원, 마약진료소)
	교육·연구	가. 학교(유치원, 초등학교, 중학교, 고등학교, 전문대학, 대학, 대학교 등) 나. 교육원, 연수원 다. 직업훈련소 라. **학원**, 교습소 마. 연구소 바. 도서관
	노유자	가. 아동 관련 시설(어린이집, 아동복지시설) 나. 노인복지시설 다. 사회복지시설 및 근로복지시설
	수련	가. 생활관 수련시설, 나. 자연권 수련시설(청소년수련원, 청소년야영장) 다. '청소년활동진흥법'에 따른 유스호스텔 라. 야영장 시설
	야영장	'관광진흥법'에 따른 **야영장 시설**로서 관리동, 화장실, 샤워실, 대피소, 취사시설, 바닥면적 300㎡ 미만
⑦ 근린 생활	제1종 근린생활	가. 식품·잡화·의류·완구·서적·건축자재·의약품·의료기기 등 일용품을 판매하는 **소매점**, 바닥면적 1,000㎡ 미만 나. 휴게음식점, 제과점 등 음료·차·음식·빵·떡·과자 등을 조리하거나 제조해 **판매하는 시설**, 바닥면적 300㎡ 미만 다. 이용원, 미용원, 목욕장, 세탁소 등 사람의 위생관리나 의류 등을 **세탁·수선하는 시설** 라. 의원, 치과의원, 한의원, 침술원, 접골원, 조산원, 안마원, 산후 조리원 등 주민의 진료·치료 등을 위한 시설 마. **탁구장, 체육도장과 같은 건축물**, 바닥면적 500㎡ 미만 바. 지역자치센터, 파출소, 지구대, 소방서, 우체국, 방송국, 보건소, 공공도서관, 건강보험공단 사무소 등 주민의 편의를 위해 공공 업무를 수행하는 시설, 바닥면적 1,000㎡ 미만 사. 마을회관, 마을공동작업소, 마을공동구판장, 공중화장실, 대피소, 지역아동 센터 등 주민이 공동으로 이용하는 시설 아. 변전소, 도시가스배관시설, 통신용 시설, 정수장, 양수장 등 주민의 생활에 필요한 에너지 공급·통신서비스 제공이나 급수·배수와 관련된 시설 자. 금융업소, **사무소, 부동산 중개사무소**, 결혼상담소 등 소개업소, 출판사 등 일반업무시설, 바닥면적 30㎡ 미만 차. **전기자동차 충전소**(바닥면적 1,000㎡ 미만)

시설군	용도	건축물의 종류 – 건축법 시행령 [별표 1] 〈개정 2023. 2. 14〉
⑦ 근린 생활	제2종 근린생활	가. **공연장**(극장, 영화관, 연예장, 음악당, 서커스장, 비디오물 감상실, 비디오물 소극장), 바닥면적 500㎡ 미만 나. 종교집회장(교회, 성당, 사찰, 기도원, 수도원, 수녀원, 제실, 사당), 바닥면적 500㎡ 미만 다. **자동차영업소**, 바닥면적 1,000㎡ 미만, 라. 서점, 마. 총포판매소 바. 사진관, 표구점 사. 청소년게임 제공업소, 복합유통게임 제공업소, 인터넷컴퓨터 게임시설 제공업소, 가상현실체험 제공업소, 바닥면적 500㎡ 미만 아. **휴게음식점, 제과점** 등 음료·차·음식·빵·떡·과자 등을 조리하거나 제조해 판매하는 시설, 바닥면적 300㎡ 이상 자. 일반음식점, 차. 장의사, 동물병원, 동물미용실 카. 학원, 교습소, 직업훈련소, 바닥면적 500㎡ 미만 타. 독서실, 기원 파. 테니스장, 체력단련장, 에어로빅장, 볼링장, 당구장, **실내낚시터, 골프연습장**, 놀이형시설 등, 바닥면적 500㎡ 미만 하. 금융업소, **사무소, 부동산 중개사무소**, 결혼상담소 등 소개업소, 출판사 등 일반업무시설, 바닥면적 500㎡ 미만 거. **다중생활시설**, 바닥면적 500㎡ 미만 너. 제조업소, 수리점 등, 바닥면적 500㎡ 미만 더. **단란주점**, 바닥면적 150㎡ 미만, 러. **안마시술소, 노래연습장**
⑧ 주거 업무	단독주택 **단독주택**	단독주택의 형태, 가정어린이집·공동생활가정·지역아동센터·공동육아나눔터·작은도서관·노인복지시설
	다중주택	학생 또는 직장인 등 장기간 거주, 독립된 거주의 형태를 갖추지 않은 것(각 실별로 욕실은 설치할 수 있으나, 취사시설은 설치하지 않은 것), 바닥면적 660㎡ 이하, 3개 층 이하
	다가구주택	주택으로 쓰는 층수가 3개 층 이하, 바닥면적 660㎡ 이하, 19세대 이하가 거주
	공관	정부의 고위 관리가 공적으로 쓰는 거주처
	공동주택 **아파트**	주택으로 쓰는 층수가 5개 층 이상인 주택
	연립주택	바닥면적 660㎡를 초과하고, 층수가 4개 층 이하인 주택

시설군	용도	건축물의 종류 – 건축법 시행령 [별표 1] 〈개정 2023. 2. 14〉	
⑧ 주거 업무	공동주택	다세대주택	바닥면적 660㎡ 이하이고, 층수가 4개 층 이하인 주택
		기숙사	일반기숙사, 임대형기숙사
	교정 및 군사	가. 교정시설, 나. 갱생보호시설, 다. 소년원 및 소년분류심사원 라. 국방·군사시설	
	업무	가. **공공업무시설** 나. **일반업무시설** : 1) 금융업소, 사무소, 결혼상담소 등 소개업소, 출판사, 신문사 바닥면적 500㎡ 이상, 2) **오피스텔**	
⑨ 그 밖의	동·식물 관련	가. 축사(양잠·양봉·양어·양돈·양계·곤충사육 시설 및 부화장 등을 포함) 나. 가축시설(**가축용 운동시설**, 인공수정센터, 관리사, 가축용 창고, 가축시장, 동물검역소, 실험동물 사육시설) 다. 도축장, 라. 도계장, 마. 작물 재배사, 바. 종묘배양시설, 사. **화초 및 분재 등의 온실**	

시설군별 건축물 용도   (출처 : 건축법 제19조)

토지의 지목은 토지의 주된 용도에 따라 구분한 법률상의 명칭입니다. 현재는 28개의 지목으로 구분되어 있고 지적공부에 등록됩니다. 다음 ★ 부분은 투자 시 관심을 가져야 할 지목입니다.

| 토지의 지목 28가지 |

1. **전**은 물을 상시적으로 사용하지 않고 곡물, 원예작물, 약초 등의 식물을 주로 재배하는 토지입니다.
2. **답**(★ 농지 연금)은 물을 상시적으로 직접 이용해 벼, 연, 미나리, 왕골 등의 식물을 주로 재배하는 토지입니다.
3. **과수원**은 사과, 배, 밤, 호두, 귤나무 등 과수류를 집단적으로 재배하는 토지와 이에 접속된 저장고 등 부속시설물의 부지를 말합니다.
4. **목장 용지**는 축산업 및 낙농업을 위해 초지를 조성한 토지, 가축 사육을 위한

축사 등의 부지, 그리고 이에 접속된 부속시설물의 부지를 포함합니다.

5. **임야**(★ 경사 15도 이하)는 산림 및 원야를 이루고 있는 수림지, 죽림지, 암석지, 자갈땅, 모래땅, 습지, 황무지 등의 토지를 의미합니다.

6. **광천지**는 지하에서 온수, 약수, 석유류 등이 용출되는 용출구와 그 유지에 사용되는 부지를 말합니다.

7. **염전**은 바닷물을 끌어들여 소금을 채취하기 위해 조성된 토지와 이에 접속된 제염장 등의 부속시설물의 부지를 의미합니다.

8. **공장용지**(★ 용도변경)는 제조업을 수행하는 공장시설물의 토지입니다.

9. **학교 용지**(★ 용도변경)는 학교의 교사와 체육장 등 부속시설물의 토지입니다.

10. **대지**(★)는 영구적인 건축물 중 주거, 사무실, 박물관, 극장 등 문화시설과 이에 접속된 정원 및 부속시설물의 토지입니다.

11. **주차장**은 자동차 등을 주차하기 위한 독립적인 시설을 갖춘 부지입니다. 상업용 빌딩, 쇼핑몰, 아파트 단지, 공항, 주택 등의 규모와 용도에 따라 다양한 종류의 주차장이 있습니다.

12. **도로**(★ 도심지 분양권)는 일반공중의 교통 운수를 위해 보행 또는 차량 운행에 필요한 토지입니다. 도로는 도시 간 연결, 차량 흐름, 편의성을 위해 설계되며 국도, 시도, 구시군 도로 등 다양한 등급과 유형이 있습니다.

13. **창고 용지**(★)는 물건 등을 보관 또는 저장하기 위한 독립적인 보관시설물의 토지입니다. 창고 용지는 물류, 유통, 제조업 등에서 필요한 물품의 임시 또는 장기적인 보관을 위해 사용됩니다.

14. **주유소 용지**(★ 용도변경)는 석유, 석유제품 또는 액화석유가스 등의 판매를 위한 토지입니다.

15. **철도 용지**는 교통 운수를 위해 일정한 궤도 등의 설비와 형태를 갖춰 이용되는 토지와 이에 접속된 역사, 차고, 발전시설 및 공작창 등 부속시설물의 부지를 포함합니다.

16. **하천**은 자연의 유수가 있거나 있을 것으로 예상되는 토지입니다. 하천은 강, 시냇물, 운하 등을 포함하며, 물 관리, 환경보호, 레크리에이션 등 다양한 목적으로 활용됩니다.

17. **제방**은 조수, 자연유수, 모래, 바람 등을 막기 위해 설치된 방호제, 방수제, 방사제, 방파제 등의 부지입니다.

18. **유지**는 물이 고이거나 상시로 물을 저장하고 있는 댐, 저수지, 소류지, 호수, 연못 등의 토지입니다. 유지는 물 공급, 환경보호, 레크리에이션, 농업 등 다양한 목적으로 활용됩니다.

19. **구거**는 용수 또는 배수를 위해 일정한 형태를 갖춘 인공적인 수로, 둑 및 그 부속시설물의 부지와 자연의 유수가 있거나 있을 것으로 예상되는 소규모 수로 부지를 말합니다.

20. **양어장**은 육상에 인공으로 조성된 수산생물의 번식 또는 양식을 위한 시설을 갖춘 부지와 이에 접속된 부속시설물의 부지를 말합니다

21. **공원**은 대중이 휴식, 레크리에이션, 문화 활동 등을 할 수 있는 토지입니다.

22. **수도 용지**는 상수도시설을 위한 토지입니다.

23. **체육 용지**는 체육시설물의 토지입니다. 체육 용지는 체육관, 운동장, 테니스 코트, 수영장 등과 같은 체육시설을 위해 사용됩니다.

24. **유원지**는 일반공중의 위락, 휴양 등에 적합한 시설물을 종합적으로 갖춘 토지입니다. 유원지는 수영장, 어린이놀이터, 동물원, 미니 골프장, 놀이공원 등을 포함하며, 가족이나 친구와 함께 즐길 수 있는 장소입니다.

25. **종교 용지**는 일반공중의 종교의식을 위해 예배, 법요, 설교, 제사 등을 하기 위한 교회, 사찰, 향교 등 건축물의 용지와 이에 접속된 부속 시설물의 부지를 말합니다.

26. **사적지**는 문화재로 지정된 역사적인 유적, 고적, 기념물 등을 보존하기 위해 구획된 토지입니다.

27. **묘지**는 사람의 시체나 유골이 매장된 토지로, 관계 법령에 따른 봉안 시설과 이에 접속된 부속 시설물의 부지입니다.

28. **잡종지**는 갈대밭, 실외에 물건을 쌓아두는 곳, 돌을 캐내는 곳, 흙을 파내는 곳, 야외 시장 및 공동우물 등 다른 지목에 속하지 않는 토지를 말합니다.

(출처 : 공간정보의 구축 및 관리 등에 관한 법률 제67조)

농지를 투자 관점에서 생각해보자

17

농지는 더 이상 단순히 농작물을 재배하는 공간에 국한되지 않습니다. 오늘날 농지는 다양한 투자 가능성을 내포한 매력적인 자산으로 주목받고 있습니다. 이 장에서는 농지 소유와 활용에 대한 새로운 시각을 제시하고, 농업인의 정의부터 농지의 다각적 활용 방안까지 폭넓게 살펴보겠습니다.

첫째, 법적으로 농업인은 다음과 같이 분류됩니다. 먼저, 농지 경영자는 1,000㎡ 이상의 농지에서 농작물이나 다년생식물을 재배하는 사람입니다. 이는 농지를 소유하고 농사를 짓는 사람들도 포함합니다. 또한, 농지시설 설치자 역시 농업인으로 분류됩니다. 이들은 330㎡ 이상의 온실, 버섯재배사, 비닐하우스 등의 농업 생산시설을 설치해 농작물이나 다년생식물을 경작하는 사람들을 말합니다. 축산업 종사자 또한 농업인으로 인정됩니다.

이들은 대 가축 2마리, 중 가축 10마리, 소 가축 100마리, 가금 1,000수 또는 꿀벌 10군 이상을 사육하거나 1년 중 120일 이상 축산업에 종사하는 사람들입니다. 마지막으로, 농산물 판매자 역시 농업인으로 분류됩니다. 농업 경영을 통해 연간 농산물 판매액이 120만 원 이상인 사람들이 이 범주에 속합니다. 이들은 농업과 관련된 다양한 혜택을 받을 수 있습니다.

농업인의 분류

둘째, 농지법 제6조는 농지 소유에 관한 규정을 명시하고 있습니다.
이에 따르면 다음과 같은 경우에 농지를 소유할 수 있습니다. 농업진흥지역 외의 농지를 주말이나 체험 영농을 목적으로 소유하는 경우, 농지에 해당합니다. 이는 농업에 대한 관심도를 높이고 지역사회의 농업 문화를 확산시키는 데 도움을 줍니다. 상속을 통해 농지를 취득한 경우나, 8년 이상 농업 경영을 한 사람이 이후에도 소유한 농지는 계속 보유할 수 있습니다. 담보 농지를 취득한 때도 농지 소유의 범위에 포함됩니다. 특정 개발사업지구에 있는 농지 중 일부 조건을 충족할 때도 농지를 소유할 수 있습니다. 예를 들어, 대통령령으로 정하는 기준에 따라 평균 경사율이 15% 이상인 농지나 1,500㎡ 미만의 농지를 소유할 수 있는 조건이 있습니다.

셋째, 농지는 크게 농업진흥지역, 농업보호구역, 그리고 농업진흥지역 외 지역으로 분류됩니다. 투자의 관점에서 특히 주목해야 할 것은 농업진흥지역 외 지역입니다. 이 지역에서는 다양한 시설을 건축할 수 있어 투자 가치가 높습니다.

농지법 제6조에 따르면, 농업진흥지역 외 지역에서 건축할 수 있는 시설들이 구체적으로 나열되어 있습니다. 농지는 직접 농사를 짓거나 농지를 개량하는 데 필요한 시설부터, 농산물을 가공하거나 처리하는 시설까지 포함합니다. 또한, 농업과 관련된 연구시설 및 편의시설들도 건축할 수 있습니다. 편의시설에는 마을회관, 유치원, 노유자시설 등이 있습니다. 농지법 시행령 별표 1에 따르면, 농업진흥지역 외 지역에서도 다양한 시설들을 건축할 수 있습니다. 단독주택부터 소매점, 체육시설, 학원, 사무소, 병원 등 여러 사회적 서비스를 제공하는 시설도 포함합니다. 따라서 농지를 보유하고 있는 사람들은 이러한 건축 가능 여부를 잘 파악하고 활용하는 것이 중요합니다.

	지목	개발	용도
농지법	★농업진흥지역 외 지역 (상대농지)	○	경우에 따라 농지 이외의 목적으로 사용할 수 있도록 농림축산식품부장관이 지정 고시한 땅입니다. 이 지역은 농업진흥구역 밖에 해당하며, **경지정리가 안 된 농지**를 말합니다.
	농업 진흥지역 (절대농지) / 농업 진흥구역	×	농업의 진흥을 도모하기 위해 농림축산식품부장관이 정하는 규모로 농지가 집단화되어 농업 목적으로 이용할 필요가 있는 지역입니다. 이 지역은 농지 개량, 농어촌도로 및 농산물 유통시설 확충, 자금 지원, 조세 경감 등 많은 혜택을 받게 됩니다.
	농업 보호구역	△	농업진흥구역의 용수원 확보와 수질 보전을 위해 필요한 지역을 말합니다.

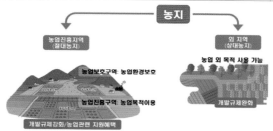

농지의 지목과 용도

(출처 : 토지이음)

용도지역/건물용도	농업진흥지역 행위 제한(허용건축물)	
	농업진흥구역	농업보호구역
단독주택	660㎡ 이하 (농업인 주택)	1,000㎡ 이하
1종 근린 생활	제한(농업 관련 허용)	1,000~3,000㎡ 이하
2종 근린 생활	제한	1,000㎡ 이하
관광농원	제한	20,000㎡ 이하
주말 농원	제한	3,000㎡ 이하
태양 에너지 발전	제한	10,000㎡ 이하
농업 관련	3,000~30,000㎡ 이하	농업진흥구역 허용 행위

농업인의 공동생활에 필요한 편의시설(마을회관, 유치원, 노유자시설 등) **건축**

(출처 : 농지법)

넷째, 농지를 활용한 관광 및 체험 사업은 농촌 경제 활성화와 개인의 수익 창출에 큰 기여를 할 수 있습니다. 주요 사업은 전시관, 학습관, 지역특산물 판매시설, 체육시설, 청소년 수련시설, 휴양시설, 숙박시설, 음식점 등이 있습니다. 이는 쾌적한 환경에서 방문객이 휴식과 문화 체험을 즐길 수 있도록 합니다.

또한, **관광농원사업**은 지역특산물 판매, 영농 체험, 체육시설, 숙박, 음식 서비스 등을 제공해 방문객이 농촌 생활을 직접 체험하고 배울 수 있도록 해줍니다. **주말농원사업**은 도시인들에게 주말농장을 제공해 휴식과 교육적 경험을 제공합니다.

농어촌 민박사업은 방문객에게 숙박과 지역특산물을 활용한 먹거리를 제공해 지역 경제 활성화와 농어촌 주민의 소득 증대에 도움을 줍니다.

농지 소유자들은 이러한 규정과 사업 기회를 잘 파악하고 활용하는 것이 중요합니다. 농지를 단순히 경작의 대상으로만 보지 않고, 다양한 투자 가능성을 가진 자산으로 인식하는 것이 필요합니다. 이를 통해 농지의 가치를 극대화하고, 농업과 관련된 새로운 비즈니스 기회를 창출할 수 있을 것입니다.

감성이 있는 민박   바다와 산조망의 민박

특색 있는 민박 사업   (출처 : 미리캔버스 활용 제작)

18 산지를 투자 관점에서 생각해보자

산지는 크게 보전산지와 준보전산지로 구분됩니다. 보전산지는 주로 자연환경을 보호하고 산림을 유지하는 데 중점을 둔 지역으로, 개발이 매우 제한적으로 이루어집니다. 반면, 준보전산지는 상대적으로 개발이 허용되는 지역으로, 일정 조건하에서 다양한 용도로 활용될 수 있습니다. 준보전산지에서는 농기계 및 축산물 창고, 수리시설 등 농업 및 축산업과 관련된 시설을 건축할 수 있어 수익 창출의 가능성이 있습니다.

특히 주목할 만한 점은 **산림경영관리사**에게 주어지는 특별한 권한입니다. 산림경영관리사는 산속에 15평(약 49.5㎡)까지의 건축물을 설치할 수 있으며, 이 건축물에는 쉼터를 포함할 수 있습니다. 이는 산림관리와 휴양 목적을 동시에 충족시킬 수 있는 기회를 제공합니다.

이러한 산지의 특성과 활용 가능성을 고려할 때, 산지를 단순히 자연 그대로의 상태로 두는 것이 아니라 투자의 관점에서 바라볼 필요가 있습니다. 물론, 자연 보호와 개발 사이의 균형을 유지하는 것이 중요합니다. 그러나 준보전산지의 경우, 적절한 계획과 투자를 통해 환경친화적인 방식으로 개발해 경제적 가치를 창출할 수 있습니다. 예를 들어, 농업 관련 시설을 설치해 특산물 재배나 가공 사업을 추진하거나, 산림 휴양시설을 조성해 생태 관광이나 웰니스 관광 사업을 전개할 수도 있습니다. 이러한 접근은 지역 경제 활성화와 일자리 창출에도 기여할 수 있습니다.

결론적으로, 산지를 투자의 관점에서 바라보는 것은 새로운 기회를 발견하고 자원의 가치를 극대화하는 데 도움이 될 수 있습니다. 다만, 환경보호와 지속 가능한 발전이라는 대전제하에서 신중하고 책임 있는 접근이 필요합니다. 이러한 균형 잡힌 시각으로 산지를 바라본다면, 자연과 인간이 공존하는 새로운 가치 창출의 장을 열 수 있을 것입니다.

구분			개발	용도
산지 관리법	보전 산지 (77%)	임업용 산지	△	산림 자원을 조성하고 임업 생산 기능의 증진을 위해 필요한 산지입니다. 농업인, 임업인은 주택 신축도 할 수 있습니다.
		공익용 산지	×	재해 방지, 수자원 보호, 자연생태계 보전, 자연경관 보전, 국민 보건 휴양 증진 등의 공익 기능을 위해 지정되는 산지입니다. 이 산지에는 자연휴양림, 사찰림, 산지전용·일시사용제한지역, 야생생물특별보호구역 등이 포함됩니다.
	★준보전산지 (23%)		○	산지관리법상 보전산지를 제외한 산지를 말합니다. **국토계획법상 준보전산지 안에서 건축 제한은 별도의 규정을 두지 않습니다. 즉, 일정 조건이 맞으면 건축도 가능합니다.**

산지의 지목과 용도   (출처 : 산지관리법)

보전관리지역(준보전산지) **개별공시지가**(6년간 2.72배 상승)

기준년도	공시일자	개별공시지가
2023	2023-04-28	2,095,877원/평
2022	2022-04-29	2,145,134원/평
2021	2021-05-31	1,889,595원/평
2020	2020-10-30	1,416,866원/평
2019	2019-05-31	1,232,733원/평
2018	2018-05-31	769,921원/평

준보전산지에서의 건축물

(출처 : 네이버페이 부동산)

💡 **투자 tip**

산지를 분석하는 방법

1. 산지의 경사도를 확인해 적합한 토지인지 판단합니다. 경사도 25도 이하인 경우가 일반적입니다.
2. 표고 파악으로 산지의 높낮이를 확인합니다. 표고는 산자락 하단부를 기준으로 측정합니다.
3. 헥타르당 임목축적 계산으로 임목이 많은 경우 투자 가치가 높아집니다.
4. **경사도, 고도, 임목 분포, 퇴수로, 진입로 등 다양한 요소를 고려해 효율적인 투자를 할 수 있습니다.**

19 단독주택, 다가구주택, 다세대주택의 특징과 가치평가 방법

주택의 형태는 구조, 건축 방식, 층수 및 면적 제한 등 다양한 요소에 따라 구분됩니다. 이 장에서는 단독주택부터 다세대주택까지의 특징과 각각의 가치평가 방법에 대해 자세히 알아보겠습니다.

단독주택은 한 명의 소유자가 독립된 주거 공간을 소유하는 형태입니다. 이 유형의 주택은 연면적 제한이 없어 개인화된 생활 환경을 구축할 수 있는 장점이 있습니다. 소유자의 취향과 필요에 따라 다양한 디자인과 시설을 자유롭게 선택할 수 있으며, 프라이버시가 보장되고 넓은 정원이나 마당을 가질 수 있습니다. 단독주택의 가치는 주로 위치, 대지면적, 건물 상태, 주변 환경 등을 고려해서 평가합니다. 유사한 조건의 주택 거래 사례를 참고해 비교 분석하는 방법이 주로 사용됩니다.

다가구주택은 여러 가구가 함께 거주하는 주택 형태로, 층수가 3개 층 이하이며 최대 19세대까지 거주할 수 있습니다. 이는 하나의 건물로 간주되어 다주택자 중과세를 피할 수 있는 장점이 있으며, 여러 가구를 대상으로 안정적인 임대수익을 얻을 수 있습니다. 다가구주택의 가치는 주로 임대수익률을 기준으로 평가합니다. 총임대료 수입, 관리비, 공실률 등을 고려해 순수익을 산출하고, 이를 바탕으로 투자 가치를 평가합니다.

다세대주택은 호수별로 독립된 소유권이 있는 공동주택입니다. 층수가 4개 층 이하이고 연면적이 660㎡ 이하여야 합니다. 이 형태는 빌라나 연립 아파트로 구성되며, 각 세대가 독립적인 소유권을 가지므로 관리와 거래가 용이합니다. 다세대주택의 가치는 개별 세대의 면적, 층수, 향, 내부 상태 등을 고려해서 평가합니다. 또한 해당 지역의 유사한 다세대주택 거래 사례를 참고해 비교·분석하는 방법도 활용됩니다.

소유권 단독				소유권 구분			
	단독주택	다중주택	다가구주택		다세대주택	연립주택	아파트
층수	기준 없음	전체 3개층 이하	주택 총수 3개층 이하	층수	4개층 이하	4개층 이하	5개층 이상
연면적	기준 없음	330m² 이하	660m² 이하	연면적	660m² 이하	660m² 이상	기준 없음
취사시설	기준 없음	개별 취사시설 불가	개별 취사시설 가능				
소유권	단독 소유 (주인 1명)			소유권	구분 소유 (세대마다 다름)		
등기/분양	가구별 등기/분양 불가			등기/분양	가구별 등기/분양 가능		

주택별 소유권 구분과 특징 (출처 : 토지이음)

단독주택부터 다세대주택까지의 가치평가하는 방법도 알아보겠습니다.

매물주소	동대문구 답십리동 ***-**				경매번호		감정가(경매)	461,396,900	(단위: 원, %)
구분	토지면적		토지가격		주택가격		토지&주택 중 높은가격	최저가격선	최고가격선
단독, 다가구	면적(㎡)	78.00	공시가격(㎡)	3,533,000	주택연면적(㎡)	124.51	426,000,000	460,000,000	502,000,000
	면적(평)	24	공시지가 가격	275,574,000	개별주택가격	227,000,000	92.3%	99.7%	108.8%
일사편리(토지) 한국부동산원(개별주택)	씨:리얼(토지/주택)		24년 토지 현실화율	421,367,000	24년 주택 현실화율	425,094,000	K-Geo플랫폼(토지/주택)	서울 이택스	지방 위택스

매물주소	동대문구 **빌라 2층								
다세대 (연립, 빌라)	주택연면적(㎡)	면적(평)	개별주택가격	24년 공동주택 현실화율(%)	24년 현실화율(%)	최저가격선	최고가격선	신축	비고
	78	24	227,000,000	68.90%	330,000,000	314,000,000	347,000,000	363,000,000	

실거래가	거래년도	2018년 2월	실거래가격	320,000,000	공시가격 상승율	131%	상승률 반영가격	420,000,000	빌류맵
임대수익률	보증금/월세	20,000,000	2,000,000	서울(4%)	620,000,000	수도권(5%)	500,000,000	지방(6%)	420,000,000

	구분	부동산플래닛	빌류쇼핑	리치고	랜드(수도권미)	공간의 가치	디스코	빌라시세	평균가격
AI 추정가	추정가(평균)	570,833,000	563,000,000	619,000,000	658,680,000	550,000,000	-	-	592,302,600
	최고가	-	482,000,000	-	-	-	-	-	482,000,000
	최저가	-	644,000,000	-	-	-	-	-	644,000,000
	토지가격	550,147,210	-	600,000,000	640,000,000	-	-	-	596,715,737
	건축물가격	20,685,120	-	19,000,000	18,680,000	-	-	-	19,455,040

단독주택 ~ 다세대주택 가치평가　　　　　　　　　　　(출처 : 저자 작성)

가치평가의 첫 단계는 해당 건물의 기본 정보를 파악하는 것입니다. 토지면적, 토지가격, 주택가격, 건물의 상태 및 노후도, 위치 및 주변 환경 등이 여기에 포함됩니다. 이러한 기본 정보를 바탕으로 각 주택 유형별로 적절한 평가 방법을 적용합니다.

단독주택의 경우, 주택의 면적과 토지의 공시가격을 기초로 해서 개별주택의 가격을 평가합니다. 이 과정에서 토지가격과 개별주택가격 중 더 높은 값을 적용하며, 현실화율과 가중치를 고려해 적정가격을 산출합니다.

다세대주택의 경우에는 호수별로 소유권이 나누어져 있어 개별주택가격을 기본으로 하고 가중치를 적용해 적정가격을 산출합니다.

실거래가는 실제 거래된 가격을 바탕으로 주택의 가치를 추정하는 또 다른 방법입니다. 개별주택가격을 기준으로 시작해 공시가격 상승률을 적용해 현재 가치를 추정하고, 최근 유사한 물건의 실제 거래 사례를 참고해 조정합니다.

최근에는 **AI 추정가**를 활용한 부동산 가치평가 방법도 주목받고 있습니다. 부동산플래닛, 밸류쇼핑, 리치고, 랜드북, 공간의 가치, 디스코, 빌라시세 등의 앱과 웹사이트에서 이러한 서비스를 제공하고 있습니다. 이들은 방대한 데이터와 AI 알고리즘을 활용해 주택의 현재 적정가격을 예측합니다. 여러 앱의 추정가를 비교해보면 더욱 정확한 가치 판단이 가능할 것입니다.

주택의 가치를 정확히 평가하기 위해서는 이러한 여러 방법을 복합적으로 활용해야 합니다. 공식적인 평가 방법과 함께 실거래가, AI 추정가, 부동산 시장 동향, 해당 지역의 개발계획도 등도 함께 고려해야 합니다. 주택 가치평가는 복잡하고 다양한 요소를 고려해야 하는 과정이지만, 체계적인 접근과 다양한 도구의 활용을 통해 더욱 정확하고 신뢰할 수 있는 결과를 얻을 수 있습니다.

단독주택 ~ 다세대주택 투자 방법

1. 입지와 토지 가치, 주변 노후도 확인 : 먼저 주택의 입지와 토지의 잠재적 가치를 평가하며, 주변지역의 재개발 및 재건축 가능성도 고려합니다. 노후화된 건물이나 주변 환경의 변화 가능성을 분석해 장기적인 가치 상승 가능성을 평가합니다.

2. 매매가격 비교와 평 단가 계산 : 주택의 매매가격은 입지, 건물의 연식, 가구 수, 대지면적, 건물 면적, 주차장 등 여러 요소에 따라 형성됩니다. 주변 비슷한 주택과 비교해 안정적인 지역에서 투자할 수 있는 평 단가를 계산하고, 시장 경향을 분석해 적정 매입가격을 판단합니다.

3. 정확한 임대료 조사 : 투자 목표가 임대수익 추구인 경우, 주택의 방 구성, 연식, 입지 및 부가적 옵션의 유무 등을 고려해 정확한 임대료를 조사합니다. 이는 수익률을 결정하는 중요한 요소로, 임차인의 수요와 시장가격 수준을 고려해 적정 임대료를 설정해야 합니다.

4. 공실률 확인 : 투자하는 주택의 주변 건물들의 공실률을 파악하고, 이를 통해 내 주택의 잠재적인 공실 가능성을 예측합니다.

20 상가주택 투자와 가치평가 방법

상가주택은 주거와 상업 공간이 공존하는 형태로, 일반적으로 1층은 상가, 2층 이상은 주택으로 구성되어 다양하게 활용할 수 있습니다. 임대인이 직접 거주하며 상가를 운영할 수도 있고, 전체를 임대해 안정적인 월세 수입을 얻을 수도 있습니다. 특히 고정적인 현금 흐름을 원하는 은퇴 계층에게 인기가 높습니다.

그러나 **상가주택 투자는 주의해야 할 점도 있습니다.** 상권 형성이 미흡한 지역에서는 1층 상가의 공실 위험이 있으며, 주거지역에 위치한 경우 임대료 상승에 한계가 있을 수 있습니다. 따라서 투자 결정 전 철저한 분석과 가치평가가 필수입니다.

매물주소	경기도 평택시 **동				경매번호		매물가격(경매)	1,780,000,000	(단위: 원, %)
구분	토지면적(㎡)	토지면적(평)	토지 공시가격(㎡)	개별 주택가격	주택 연면적(㎡)		상가 연면적(㎡)	24년 주거용 현실화율	24년 상업용 현실화율
상가주택	245.20	74.24	1,794,000	439,889,000	550,000,000	342.62	95.15	65.0%	66.4%
유사물건(토지)	한국부동산원(개별주택)	K-Geo플랫폼(토지/주택)	씨:리얼(토지/주택)	서울 미텍스	지방 위텍스	총 연면적(주택+상가):		543.34	
구분	토지지분(㎡)	토지가격	토지 현실화율(평균고용)	층수	개별 주택가격	개별주택가격 현실화율	토지 + 개별주택	최저가격선	최고가격선
주택(3개 층)	154.62	278,000,000	426,000,000	3	412,500,000	635,000,000	1,061,000,000	1,008,000,000	1,115,000,000
상가(1개 층)	42.94	78,000,000	120,000,000	1	137,500,000	208,000,000	328,000,000	312,000,000	345,000,000
계	197.56	356,000,000	546,000,000	4	550,000,000	843,000,000	1,389,000,000	1,320,000,000	1,460,000,000
			※ 24년 토지 현실화율:	65.40%					
실거래가	거래년도	2022년	실거래가	1,500,000,000	공시가격 상승률	93%	상승률 반영가격	1,388,000,000	밸류맵
							※최근 개별공시지가 파악		
임대수익률	보증금/월세	58,000,000	5,800,000	서울(4%)	1,798,000,000	수도권(5%)	1,450,000,000	지방(6%)	1,218,000,000

	구분	부동산플래닛	밸류쇼핑	리치고	랜드북(수도권만)	공간의 가치		평균가격
AI 추정가	추정가(평균)	1,647,200,000	1,899,000,000	1,330,000,000	1,390,000,000	1,600,000,000		1,573,240,000
	최고가	-	2,172,000,000	-	-	-		2,172,000,000
	최저가	-	1,626,000,000	-	-	-		1,626,000,000
	토지가격	786,500,000	-	410,000,000	600,000,000	-		598,833,333
	건축물가격	860,700,000	-	910,000,000	790,000,000	-		853,566,667

상가주택 가치평가

(출처 : 저자 작성)

　　상가주택의 가치를 정확히 평가하기 위해서는 여러 방법을 종합적으로 활용해야 합니다. 먼저, 해당 물건의 기본 정보를 파악합니다. 토지면적, 토지 공시가격, 개별주택가격, 주택과 상가의 연면적 등이 여기에 포함됩니다. 이를 바탕으로 주택 부분과 상가 부분을 구분해 각각 평가합니다. 이 과정에서 현실화율과 가중치를 고려해 적정가격을 산출합니다.

　　실거래가 분석도 중요한 평가 방법입니다. 실제 거래된 가격을 바탕으로 공시가격 상승률을 적용해 현재 가치를 추정합니다. 또한, **임대수익률**은 보유 부동산에 투자한 비용에 비해 얼마만큼의 수익이 발생하는지를 비율로 나타내는 수치입니다.

　　상가주택 투자 시에는 몇 가지 주요 사항을 반드시 고려해야 합니다. 위치 선정이 가장 중요한데, 상권의 발전 가능성과 안정성을 살펴봐야 합니다. 건물의 상태와 리모델링 필요성, 관련 법적 규제, 기존 임차인의 계약 조건, 그리고 주변 개발계획과 지역 경제 동향 등도 검토해야 합니다.

결론적으로, 상가주택 투자는 적절한 위치 선정과 정확한 가치평가가 성공의 열쇠입니다. 다양한 평가 방법을 종합적으로 활용하고, 지역 특성과 시장 동향을 고려해 신중하게 접근해야 합니다. 이러한 균형 잡힌 접근법을 통해 안정적인 수익과 자산 가치 상승을 기대할 수 있을 것입니다. 상가주택 투자는 도전적이지만, 올바른 전략과 철저한 분석을 바탕으로 한다면 매력적인 투자 기회가 될 수 있습니다.

 투자 tip

좋은 상가주택의 입지는?

1. **주요 동선이나 대단지 아파트 입구와 같이 사람들이 많이 모이는 곳**이 이상적입니다. 이는 안정적인 임대수익을 보장할 수 있습니다.
2. **주거와 상업이 혼재된 지역**이 상가주택에 매우 적합합니다. 이는 주민들의 생활 편의를 도와주면서도 상업적 활동을 지원할 수 있는 환경을 제공합니다.
3. **충분한 주차 공간**이 마련되어 있으면 고객 접근성이 향상되어 매출에 긍정적인 영향을 미칠 수 있습니다. 고객들은 편리하게 상가를 재방문할 수 있어 주차 공간이 협소한 곳보다 매출이 더 올라갈 확률이 높습니다.
4. **주변 도로와 접근성**이 좋을수록 상가주택은 더 많은 고객에게 접근할 수 있고, 이는 매출 증대에 기여할 수 있습니다.

복합상가, 생활형 숙박시설, 공장·창고 투자와 가치평가 방법

21

이 장에서는 복합상가, 생활형 숙박시설, 공장·창고에 대한 투자 및 가치평가 방법에 대해 알아보겠습니다.

복합상가는 상업적 목적으로 사용되는 부동산으로 상점, 가게, 사무실 등이 복합적으로 위치합니다. 복합상가 투자의 주요 장점으로는 높은 임대료 형성 가능성과 지역 상권 발전 시 부동산 가치 상승을 기대할 수 있다는 점을 들 수 있습니다. 그러나 투자 시 몇 가지 중요한 사항을 고려해야 합니다. 주변 상권의 활성화 정도, 예상 임대료 수준, 그리고 입지 분석이 매우 중요합니다. 또한, 공실 시 높은 관리 및 유지보수 비용이 발생할 수 있다는 점도 유의해야 합니다.

생활형 숙박시설은 주거와 숙박 기능을 동시에 갖춘 독특한 부동산 유형입니다. 이 유형의 투자 장점은 주택 수에 미포함되어 종합부동산세 부과 대상에서 제외됩니다. 또한, 상업지역 내 건설이 가능해 우수한 입지를 확보할 수 있습니다. 저층부에 상업시설이 들어서는 경우가 많아 높은 생활 편의성을 제공한다는 점도 장점입니다. 다만, 부동산 시장 안정화 정책에 따라 생활형 숙박시설에 대한 규제가 강화될 수 있습니다.

공장과 창고는 산업 및 물류 목적으로 사용되는 부동산 유형입니다. 장점으로는 안정적인 임대수익 가능성, 사업용 토지 분류로 인한 장기 보유공제 적용, 그리고 주변 지역 발전 시 높은 차익 실현 가능성을 들 수 있습니다. 공장·창고 투자 시 고려해야 할 주요 사항으로는 대형차량의 접근성이 좋은 도로의 필요성과 IC 주변이나 대중교통이 편리한 곳을 선호한다는 점입니다. 이러한 요소들이 임대 수요와 향후 가치 상승에 큰 영향을 미칠 수 있기 때문입니다.

　　상가와 토지의 공고, 입찰, 매매 현황을 효과적으로 확인하려면 '내집어디'를 활용하는 것이 좋습니다. 이 사이트에서는 다양한 매물 정보와 함께 매각 완료, 수의계약 중, 현재 공고 중인 매물 등의 상태까지 파악할 수 있습니다.

내집어디 – 상가·토지 판매 확인　　　　　　　　　　　　　　(출처 : 내집어디)

　　복합상가의 가치를 평가하는 과정을 서산시 예천동의 사례를 통해 살펴보겠습니다. 가치평가는 다음과 같은 단계로 진행됩니다.

먼저, 토지면적, 토지 공시가격, 건물가격 등의 기초 데이터를 수집합니다.

복합상가는 토지와 상가를 구분해 각각 평가하고, 건물의 호수별 시가표준액을 합산합니다. 이 과정에서 현실화율과 가중치를 적용해 적정가격을 산출합니다.

실거래가는 실제 거래가격을 기반으로 공시가격 상승률을 적용해 현재 가치를 추정합니다.

임대수익률은 투자 비용 대비 수익 비율을 산출합니다. 각층별 월세 수익률을 합산해 전체 수익률을 계산합니다.

AI 추정가는 부동산플래닛, 밸류쇼핑, 리치고, 랜드북, 공간의 가치 등 다양한 앱(웹)의 추정가를 비교해 적정가격을 판단합니다.

매물주소	충남 서산시 예천동 ***-*				경매번호		매물가격(경매)	4,200,000,000	(단위: 원, %)
구분	토지면적		토지가격		건물가격		토지+건물 현실화율	최저가격선	최고가격선
상가	면적(㎡)	1,826.00	공시가격(㎡)	684,600	건물 연면적(㎡)	1,435.84	3,736,000,000	3,550,000,000	3,923,000,000
공장	면적(평)	553	공시지가 가격	1,250,080,000	건물 시가표준액	1,210,962,325	89.0%	84.5%	93.4%
※ ㎡당평/토지/주택	서울 이덱스	지방 위덱스	24년 토지 현실화율	1,911,438,000	현실화율 또는 건축비	1,823,739,000	※ Gec 플랫폼(토지/주택)	서울 이덱스	지방 위덱스
실거래가	거래년도	2023년	실거래가	3,500,000,000	공시가격 상승율	101%	상승율 반영가격	3,535,000,000	밸류맵
임대수익률	보증금/월세	207,000,000	20,700,000	서울(4%)	6,417,000,000	수도권(5%)	5,175,000,000	지방(6%)	4,347,000,000

	구분	부동산플래닛	밸류쇼핑	리치고	랜드북(수도권bansm)	공간의 가치		평균가격
AI 추정가	추정가(평균)	-	-	335,000,000		430,000,000		382,500,000
	최고가	-	-					
	최저가	-	-					
	토지가격	-	-	142,000,000		-		142,000,000
	건축물가격	-	-	193,000,000		-		193,000,000

	층수	보증금(10개월분)	월세		물건지	시가표준액	연면적(㎡)	
임대료 합계	12층			건물 시가표준액 합계 & 신축 표준건축비 - 감가율 (수명 40년)	402호	172,980,380	214	
	11층				106호	59,594,475	63	
	10층				105호	55,791,317	59	
	9층				301호	122,895,999	152	
	8층				202호	167,502,641	207	
	7층				104호	80,592,296	85	
	6층				302호	167,502,641	207	
	5층				103호	49,070,954	52	
	4층	37,000,000	3,700,000		401호	117,418,260	145	
	3층	35,000,000	3,500,000	**'년 표준건축비 70%	102호	45,646,409	48	
	2층	43,000,000	4,300,000	6,620,000	201호	122,895,999	152	
	1층	92,000,000	9,200,000	4,700,000	101호	49,070,954	52	
	지하			1,423,130				
	계	207,000,000	20,700,000	1,916,000,000	계	1,210,962,325	1,436	

복합상가 ~ 공장 가치평가 (출처 : 저자 작성)

부동산 투자, 삶을 변화시키는 혁신!
지금 시작하세요!

부동산 투자는 단순한 자산 증대를 넘어 여러분의 삶에 긍정적인 변화를 가져올 것입니다. 이 책에서 제시한 지식과 전략은 여러분이 부동산 전문가로 성장하는 데 필요한 나침반이 될 것입니다. 여러분은 이제 명확한 투자 목표를 설정하고 이를 성공적으로 실현할 경로를 구축할 수 있습니다.

첫째, 빅데이터와 AI는 부동산 시장에 혁신적인 변화를 가져왔습니다. 과거 데이터와 현재의 시장 흐름을 분석함으로써 더 나은 투자 결정을 내릴 수 있는 능력을 갖추게 될 것입니다. 통화량의 증가, 투자 사이클의 이해와 GTX와 같은 혁신적인 교통 인프라는 여러분의 투자 전략을 더욱 심화시키는 중요한 기초가 될 것입니다. 이러한 요소들은 미래의 시장에서 경쟁 우위를 확보하는 데 큰 도움이 될 것입니다.

둘째, 부동산 가치를 5분 이내에 평가하는 실질적인 방법론은 신뢰할 수 있는 데이터에 기반한 결정을 내리는 유용한 도구가 됩니다. 감정평가의 기본 원리를 이해하고, 빅데이터를 통한 시세 흐름 분석을 배우는 것은 여러분이 가치 있는 투자를 신속하게 식별할 수 있도록 도와줄 것입니다.

셋째, 부동산 투자에서의 성공은 지속적인 학습과 변화하는 시장을 주의 깊게 살펴보는 데 달려 있습니다. 각 자산 유형의 특성을 비교하며 맞춤형 전략을 세우는 것이 중요합니다. 이를 통해 여러분은 부동산 시장에서 독자적인 흐름을 만들어가며 원하는 목표를 달성할 수 있습니다.

넷째, 부동산 투자는 개인의 삶과 깊은 관련이 있습니다. 결혼, 직장, 가족의 상황 등 모든 요소가 부동산 투자에 영향을 미치므로, 안정적인 주거 공간은 경제적 안정과 심리적 안정을 동시에 제공합니다. 체계적인 연구와 실천을 통해 나만의 포트폴리오를 구축하는 것은 여러분의 삶을 더욱 풍요롭게 할 것입니다.

마지막으로, 이 책에서 제시한 원칙과 전략을 바탕으로 실행을 통해 부동산 투자의 성공과 지속 가능성을 확보할 수 있습니다. 이 책을 통해 배운 내용을 바탕으로 자신감을 갖고 계속 공부하고 투자한다면 성공은 가까이 있을 것입니다. 여러분의 부동산 투자 여정이 더 큰 성공으로 이어지기를 바라며, 이 책이 그 첫걸음이 되기를 희망합니다. 지속적인 경험과 지혜를 통해 여러분의 투자 여정은 더욱 풍요로워질 것입니다. 또한, AI 시대의 투자 로드맵을 활용하면 이제 단순한 투자자를 넘어 부동산 전문가로 성장할 수 있습니다. 배운 내용을 적극적으로 실천하고, 이를 자녀와 손주에게 전수해 세대를 이어가는 부의 기반을 만들어갈 수 있습니다. 이러한 노력과 지식의 전달을 통해 3대에 걸친 부의 축적이 이루어지기를 진심으로 기원합니다.

제1판 1쇄 2024년 11월 7일

지은이 이수현, 김태이
펴낸이 허연　　　　　　　**펴낸곳** 매경출판㈜
기획제작 ㈜두드림미디어
책임편집 최윤경, 배성분　　**디자인** 김진나(nah1052@naver.com)
마케팅 한동우, 구민지

매경출판㈜
등록 2003년 4월 24일(No. 2-3759)
주소 (04557) 서울시 중구 충무로 2(필동 1가) 매일경제 별관 2층 매경출판㈜
홈페이지 www.mkbook.co.kr
전화 02)333-3577
이메일 dodreamedia@naver.com(원고 투고 및 출판 관련 문의)
인쇄·제본 ㈜M-print 031)8071-0961

ISBN 979-11-6484-719-8 (03320)